巨《きょ》大《だい》魚《ぎょ》に魅《み》せられて

アフリカ第《だい》2の大河《たいが》・コンゴ川で、タクヤ（小塚拓矢《こづかたくや》）は思う。
「ぼくにできることは、出発《しゅっぱつ》することと、あきらめないこと、その二つだけ」

「釣《つ》れるまで、帰らない」——あきらめない、という強い意志《いし》が、
コンゴ川で、運命《うんめい》の巨大魚《きょたいぎょ》・ムベンガを引きよせた！

タクヤの中の世界《せかい》3大怪《かい》魚《ぎょ》

No.1 怪魚《かいぎょ》 【幻獣《げんじゅう》】ムベンガ

コンゴ川で、幻《まぼろし》の怪獣《かいじゅう》にいどみ続《つづ》けて約《やく》2カ月、体重《たいじゅう》は10キロも落《お》ちた。そして、タクヤはついに夢《ゆめ》をだきしめた!! 二人の現地《げんち》協力者《きょうりょくしゃ》と喜《よろこ》びを分かち合う

※魚の名前の前にある【 】「 」内は、小塚拓矢《こづかたくや》さんが魚につけたニックネーム（写真説明《しゃしんせつめい》、本文共《とも》）
※魚のよび名は国や地域《ちいき》によってことなりますが、本書では小塚拓矢《こづかたくや》さんが通常《つうじょう》よんでいるよび名を用いています

No.2 怪魚《かいぎょ》 【神龍《しぇんろん》】ピラルクー

南アメリカ大陸《たいりく》
ブラジル連邦共和国《れんぽうきょうわこく》
（以下《いか》、ブラジル）

自分の身体《からだ》より大きな魚が釣《つ》りたい！——おさないころからの野望《やぼう》を胸《むね》に、タクヤはアマゾンに飛《と》んだ。そこで出会った怪魚《かいぎょ》。「おまえと出会うために、ぼくは地球《ちきゅう》の裏側《うらがわ》まで来たんだね」

No.3 怪魚《かいぎょ》 【湿原《しつげん》の凶器《きょうき》】ディンディ

頭にチェーンソーがついたエイがいる！
タクヤは、パプアニューギニアに何度《なんど》も足を運《はこ》び、その珍魚《ちんぎょ》をねらい続《つづ》けた。
そして、7年目にして珍魚《ちんぎょ》を釣《つ》り上げた!!

オーストラリア大陸《たいりく》
パプアニューギニア独立国《どくりつこく》
（以《い》下《か》、パプアニューギニア）

怪《かい》魚《ぎょ》顔図《ず》鑑《かん》

【幻獣《げんじゅう》】ムベンガ（コンゴ民主共和国《みんしゅきょうわこく》）
老魚《ろうぎょ》にしてこの迫力《はくりょく》！

【アジアの妖刀《ようとう》】ベリーダ（マレーシア）
何と舌《した》に牙《きば》がある！

【牙狼《がろう》】カショーロ（ブラジル）
「カショーロ」はポルトガル語で「犬」を意味《いみ》する。
スペイン語では「パヤーラ」

【密林《みつりん》の爆弾《ばくだん》】ピーコックバス（ブラジル）
バケツのような口と赤い目が印象的《いんしょうてき》

巨大魚《きょだいぎょ》に魅《み》せられた冒険家《ぼうけんか》・小塚拓矢《こづかたくや》

怪《かい》魚《ぎょ》ハンター、世《せ》界《かい》をゆく

こうやま のりお＝文

感動ノンフィクションシリーズ

怪《かい》魚《ぎょ》ハンター、世《せ》界《かい》をゆく

もくじ

プロローグ

「うわっ、来た来た来たぁぁぁぁぁ!!　ここでアタリが来たかぁぁぁぁ〜!!」

釣《つ》り人タクヤのさけび声と共《とも》に、両手《りょうて》で持《も》った釣《つ》りざおが、まるで弓のようにしなり始《はじ》めた。水面《すいめん》にのびる太い釣《つ》り糸はピーンと張《は》って、タクヤが乗《の》っている小さなカヌーごと、ぐいぐいと上流《じょうりゅう》に引きもどそうとする。

「ぐわぁぁぁ!!　何たる力だぁぁぁぁぁ!!」

釣《つ》りざおをにぎりしめ、歯《は》を食いしばりながら、タクヤがさけぶ。

カヌーからふり落《お》とされないように、釣《つ》り糸を引きちぎられないように、タクヤとまだ見ぬ巨大《きょだい》な魚との格闘《かくとう》が始《はじ》まった。

ここは「地球最後《ちきゅうさいご》の秘境《ひきょう》」とよばれる、南半球《はんきゅう》にあるパプアニューギニアの奥《おく》地《ち》のジャングルだ。日本からは南へ約《やく》五千キロ、大小六百もの島々《しまじま》がある国で、日本人はめったにやってこない。日本からこの国へ飛《と》ぶ飛行機《ひこうき》の直行便《ちょっこうびん》は週に一便《びん》だけ。空港《くうこう》がある首都《しゅと》ポートモレスビーからこのジャングルまでは、丸太をくりぬいたモーターつきの小さなカヌーに乗《の》って、八時間も川をさかのぼらなければならない。地図はないし、もちろんガイドブックもない。現地《げんち》の人に案内《あんない》してもらわなかったら、絶対《ぜったい》に来られない場所《ばしょ》だ。

川には人間をおそうワニがいるし、夜になると、マラリアというおそろしい病《びょう》気《き》を運《はこ》ぶ蚊《か》が活動《かつどう》を始《はじ》める。陸《りく》に上がっても、電気も水道もガスも通っていない。夜は真《ま》っ暗《くら》。商店《しょうてん》もない。川ぞいに住《す》む原住民《げんじゅうみん》の生活は、自給《じきゅう》自足。魚や野生のシカなどの動物《どうぶつ》をとって食料《しょくりょう》にしている。

つまりこのジャングルには、「便利《べんり》」という言葉《ことば》は存在《そんざい》しないんだ。

タクヤはそんなジャングルの奥地《おくち》まで入って、お腹《なか》がすけば、釣《つ》った魚を食べたり、現地《げんち》の人たちが主食《しゅしょく》にしているサゴヤシからとれるデンプンで作るパンなどを食べる。夜は木にハンモックをつるしたり、ブルーシートで雨風をしのいだりして眠《ねむ》る。そういう生活を続《つづ》けながら釣《つ》りをしている。

そう、タクヤは「冒険家《ぼうけんか》」なんだ。本人は「魚が好《す》きなただの旅人《たびびと》」と言うけれど、こんな旅《たび》は「ただの人」にできるものじゃない。

しかも、地球《ちきゅう》の果《は》ての秘境《ひきょう》を旅《たび》するだけの冒険家《ぼうけんか》じゃない。その地の淡水《たんすい》（川や湖《みずうみ》）に棲《す》んでいる、巨大《きょだい》な魚（体長一メートル以上《いじょう》、重《おも》さ十キロ以上《いじょう》）を釣《つ》り上げる、人よんで「怪魚《かいぎょ》ハンター」だ。

この定義《ていぎ》に当てはまる怪魚《かいぎょ》は、地球《ちきゅう》上には約《やく》六十種類《しゅるい》いるといわれている。もしかすると、まだだれも知らない種類《しゅるい》の魚が、どこかの国の、どこかのジャングルの川や湖《みずうみ》に棲《す》んでいるかもしれない。タクヤは地球《ちきゅう》のすみずみにまで出かけていって、それらをすべて釣《つ》り上げたいと思っているんだ。

もちろんタクヤだって、最初《さいしょ》から怪魚《かいぎょ》ハンターになれたわけじゃない。大学一年生のときに初《はじ》めての冒険《ぼうけん》でタイに行ったさいには、怪魚《かいぎょ》がどこの川や湖《みずうみ》に棲《す》んでいるかわからずに、とある町中の釣《つ》り堀《ぼり》で釣《つ》り糸をたれていた。

ところが、「日本から来た釣《つ》りが大好《す》きな若者《わかもの》」は、あっと言う間に地元の釣《つ》り人の人気者《にんきもの》になった。言葉《ことば》は通じなくても、「とにかく大きな魚が釣《つ》りたい」と身《み》ぶり手ぶりでしめしていたら、大勢《おおぜい》の人が「あの川にいる」「いや、こっちの湖《みずうみ》にいる」と教えてくれた。そういう人が次々《つぎつぎ》と友達《ともだち》を紹介《しょうかい》してくれて、ついに地元の釣《つ》り名人、エディおじさんと会えることになった。

エディおじさんの口ぐせは、「マンペイライイ（何とかなるさ）」。ボートが倒木《とうぼく》にぶつかってこわれても「マンペイライイ」。ボートから川の中に落《お》っこちても「マンペイライイ」。いつもニコニコ笑《わら》っている。

タクヤが「シャドーという魚が釣《つ》りたいんです」とお願《ねが》いすると、エディおじさんはにっこり笑《わら》って、「マンペイライイ！」と言いながら、車で十一時間もかかる湖《みずうみ》に連《つ》れていってくれた。

そこでタクヤは、背中《せなか》にアルファベットの文字のような模様《もよう》がならぶ七十センチくらいのシャドーを釣《つ》り上げることができたんだ。このサイズでは怪魚《かいぎょ》とは言えないけれど、そのときタクヤの身体《からだ》に、ふるえるような喜《よろこ》びが走った。

――ねらった魚を釣《つ》り上げるという目的《もくてき》を持《も》った旅《たび》は何て楽しいんだ！

観光《かんこう》で遠い異国《いこく》をたずねるだけじゃなくて、現地《げんち》の人と仲《なか》よくなって、その地にしかいない怪魚《かいぎょ》をさがして釣《つ》り上げる「旅《たび》の醍醐味《だいごみ》」を知った瞬間《しゅんかん》だった。

初《はじ》めて釣《つ》った「雷神《らいじん》」シャドー。怪魚《かいぎょ》とよぶにはまだかわいいが、目的《もくてき》を持《も》った旅《たび》の楽しさを教えてくれた。タクヤ19歳《さい》

もっと遠くに、もっと素晴《すば》らしい場所《ばしょ》があるはずだ。もっと先に行ってみたい。もっともっといろいろな魚を釣《つ》ってみたい――。

この旅以降《たびいこう》、タクヤはその思いに取《と》りつかれてしまった。

大学の授業《じゅぎょう》の合間にアルバイトをしてお金を貯《た》め、春休みと夏休み、年に二回のペースで世界中《せかいじゅう》の秘境《ひきょう》を旅《たび》し始《はじ》めた。大学院修了《だいがくいんしゅうりょう》後も就職《しゅうしょく》はせずに、ひたすら怪魚《かいぎょ》を釣《つ》ってきた。

二〇一五年に、タクヤは三十歳《さい》になった。この十二年間におとずれた国は三十七カ国、釣《つ》り上げた怪魚《かいぎょ》は五十種類以上《しゅるいいじょう》!!

いったい、どのようにしてタクヤのような冒険家《ぼうけんか》が誕生《たんじょう》したのか――。

まずは、タクヤの少年時代《じだい》をふり返ってみよう。

カエルをかたどったルアー。
シャドーなどの雷魚《らいぎょ》をねらうときに使《つか》う

第《だい》1章《しょう》　ヒーローになりたい!!

赤堀川《あかぼりがわ》の「主《ぬし》」を釣《つ》る

「兄ちゃんがでっかい魚釣《つ》ったぁぁぁ。お父さん、写真《しゃしん》撮《と》って～」

タクヤが中学一年生の六月のこと。小学五年生になる弟が家にかけこんで言った。

「なになに、どんな魚や?」

父がカメラを持《も》って家の裏《うら》の川にかけつけてみると、タクヤは魚を指《ゆび》さして得意《とくい》気《げ》な表情《ひょうじょう》で立っていた。

「でかい魚と言うからウグイかと思うとったが、コイやったんか」

父は魚の口元の立派《りっぱ》なヒゲを見ておどろき、あわててシャッターを切った。

はかってみるとそのコイは、体長六十五センチもあった。その写真《しゃしん》は、いまも夕

クヤの宝物《たからもの》の一枚《まい》になっている（P12の上段《じょうだん》の写真《しゃしん》）。

一九八五年（昭和《しょうわ》六十年）、タクヤこと小塚拓矢《こづかたくや》は、富山県高岡市《とやまけんたかおかし》に生まれた。父・和之《かずゆき》さんはサラリーマン、母・弘美《ひろみ》さんは理髪店《りはつてん》を経営《けいえい》している。二歳《さい》下に弟・晃《あきら》さんがいる。ごく普通《ふつう》の家庭《かてい》に生まれた、どこにでもいるやんちゃな子どもだった。高岡市《たかおかし》は東に立山連峰《たてやまれんぽう》をあおぐ自然《しぜん》にめぐまれた地方都市《とし》で、タクヤの家の周《まわ》りには田んぼが広がっていた。

タクヤの少年時代《じだい》、自宅《じたく》の近くを流《なが》れる赤堀川《あかぼりがわ》は、弟や近所《きんじょ》の仲間《なかま》たちとの最高《さいこう》の遊《あそ》び場だった。タクヤにとっては自宅《じたく》から数百メートル四方が、自分にとっての「王国」だったんだ。

いまその川は大雨のときの氾濫《はんらん》をふせぐために護岸工事《ごがんこうじ》がなされ、川岸《かわぎし》と川底《かわぞこ》はコンクリートで打《う》ち固《かた》められてしまったけれど、一九九〇年代《ねんだい》は川岸《かわぎし》にも草がしげり、川底《かわぞこ》も土で自然《しぜん》のままだった。周囲《しゅうい》にフェンスもなかったから、タクヤたちはどこからでも水辺《みずべ》に下りて遊《あそ》ぶことができた。

子どもでも飛《と》びこせるほどの川幅《かわはば》なのに、そこには思いもよらないような生物《せいぶつ》が

自宅裏《じたくうら》の川で釣《つ》った体長65センチのコイと記念撮影《きねんさつえい》。
となりは弟の晃《あきら》さん

富山県高岡市《とやまけんたかおかし》の自宅周辺《じたくしゅうへん》の風景《ふうけい》

たくさん生息《せいそく》していた。魚はもちろんのこと、川岸《かわぎし》に下りて水辺《みずべ》のあなに手をつっこむと、ザリガニがとれた。川岸《かわぎし》の草の下には、大きなカメもたくさんいた。放課後《ほうかご》、同級生《どうきゅうせい》たちと釣《つ》り糸をたれると、ウグイやフナがいくらでもかかってくる。夜はカエルの大合唱《がっしょう》。夏はホタルが舞《ま》う。

タクヤの魚好《ず》きは、おさないころからのものだった。

父親の和之《かずゆき》さんがこう教えてくれた。

「うちは旅行《りょこう》好《ず》きだったで、タクヤが小さいころは全国各地《ぜんこくかくち》の水族館《すいぞくかん》によう行っとったねぇ。タクヤは釣《つ》り好《ず》きというよりも、魚好《ず》きが始《はじ》まりやのぅ」

タクヤは２歳《さい》の誕生日《たんじょうび》に、両親《りょうしん》に富山県《とやまけん》の魚津水族館《うおづすいぞくかん》に連《つ》れていってもらった

タクヤはおさないころから、父親に連《つ》れられて富山湾《とやまわん》で釣《つ》りをした。小学校に上がると、赤堀川《あかぼりがわ》でウグイを釣《つ》ったり、防波堤《ぼうはてい》でキスを釣《つ》ったりするのが日課《にっか》になった。小学六年生のときに初《はじ》めて買ってもらった自分専用《せんよう》の釣《つ》りざおとリールは、長い間、タクヤの宝物《たからもの》だった。

小学四年生のとき、タクヤは釣《つ》りの新しい道具《どうぐ》と衝撃的《しょうげきてき》な出合いをする。

ある日の夕方、釣《つ》りからの帰りぎわに、一人のおじさんが防波堤《ぼうはてい》からルアー（疑《ぎ》似餌《じえ》）を投《な》げているすがたを目にした。

——ルアーなんかで釣《つ》れるわけないわ。

タクヤはいつもエサをつけて釣《つ》りをしていたから、たかをくくって見ていると、その人は高級魚《こうきゅうぎょ》の大きなキジハタを釣《つ》り上げた。それまでルアーを使《つか》ったことがなかったタクヤにはおどろきだった。翌日《よくじつ》、釣《つ》り場に落《お》ちていたボロボロのルアーを使《つか》って投《な》げてみた。すると、クジメとアナハゼがかかった。

——これは面白《おもしろ》い。これからはルアーだ。

その日から、タクヤはルアーに夢中《むちゅう》になっていく。

少年のころからタクヤは、あらゆる面《めん》で目立ちたがり屋《や》だった。勉強《べんきょう》でも遊《あそ》びでも、徹底的《てっていてき》にやらないと気がすまないタイプだったから、小中学校時代《じだい》は、勉《べん》強《きょう》はつねに学年で一、二番を争《あらそ》っていた。

いやいや、一生懸命《けんめい》だったのはそれだけじゃない。タクヤは初《はじ》めて知る世界《せかい》に興《きょう》味《み》を持《も》つと夢中《むちゅう》になってしまう。ひとたび目標《もくひょう》ができると、それを達成《たっせい》するまで、がむしゃらにがんばる。そんな少年だったんだ。

小学生時代《じだい》の同級生《どうきゅうせい》たちは、ファミコンのゲームに夢中《むちゅう》だった。あるいは当時開幕《かいまく》したばかりのJ《ジェイ》リーグの影響《えいきょう》で、サッカーに一生懸命《けんめい》だった子もいる。けれどタクヤの両親《りょうしん》は、ゲームは日曜日の午前中三十分しかやらせてくれなかったし、タクヤは身体《からだ》が小さかったから、サッカーをやってもヒーローにはなれなかった。

——ゲームやサッカーより釣《つ》りだ!

タクヤはそう思って、釣《つ》りに夢中《むちゅう》になっていったんだ。

そのころ、釣《つ》りの世界《せかい》では、ブラックバス・ブームがやってきていた。

小学４年生のとき、富山湾《とやまわん》で船釣《づ》り。マゴチをゲット

自分の釣《つ》りざおとリールを手に入れて、近所《きんじょ》の用水路《ようすいろ》で 34 センチのウグイを釣《つ》り上げた

「ブラックバス」とは、もともとはアメリカに棲《す》んでいたコクチバスやオオクチバスの俗称《ぞくしょう》で、体長は四十センチから八十センチ以上《いじょう》にもなる。世界中《せかいじゅう》にブラックバス釣《づ》りのプロがいて、大小さまざまな大会が各地《かくち》で開《ひら》かれている。

好奇心旺盛《こうきしんおうせい》なタクヤが、外国からやってきたこの魚に興味《きょうみ》を持《も》たないわけがない。すぐに夢中《むちゅう》になったのだけれど、ブラックバス釣《づ》りにはルアーが使《つか》われる。小学生の少ないおこづかいでは簡単《かんたん》には買えない道具《どうぐ》だった。タクヤは手先が器用《きよう》だったので、自分で木をけずってルアーを作ることにした。

――ない物《もの》は作っちゃえ！

　あきらめずにチャレンジする少年だったんだ。

　小学六年生の夏休みの終《お》わりころ、母の実家《じっか》がある高岡市《たかおかし》の雨晴海岸《あまはらしかいがん》からほど近い池で、タクヤは初《はじ》めてブラックバス釣《づ》りに挑戦《ちょうせん》した。

――うわっ、あいつら針《はり》にかかると水面《すいめん》をジャンプして抵抗《ていこう》するぞ～！　さすが外国から来ただけあってスゴイなぁ。

　タクヤにとってブラックバスは、自分の知らない外国からやってきた怪物《かいぶつ》のような存在《そんざい》だった。それをルアーで釣《つ》り上げる自分は、外国の秘境《ひきょう》に挑戦《ちょうせん》する探検隊《たんけんたい》の隊長《たいちょう》だ。小さいころからあこがれたヒーローの気分だ。

――ヒーローは負《ま》けるわけにはいかないんだ！

タクヤは興奮《こうふん》しながらブラックバスにいどんだ。

ところが残念《ざんねん》ながら、初挑戦《はつちょうせん》の日は何時間たってもブラックバスはかからなかった。翌日《よくじつ》は夏休み最後《さいご》の日、学校が始《はじ》まれば、なかなかこの池まではやってこられなくなる。「最後《さいご》の挑戦《ちょうせん》」とばかりにいどんだラストチャンス。

わすれもしない、約《やく》三十センチのブラックバスが釣《つ》れたんだ。

この日以降《いこう》、タクヤはブラックバス釣《づ》り一辺倒《いっぺんとう》になった。

中学校に上がり剣道部《けんどうぶ》に入ると、竹刀袋《しないぶくろ》には釣《つ》りざおもいっしょに入っていた。日曜日には、午前中の部活動《ぶかつどう》が終《お》わると、つかれた身体《からだ》で山道を一時間も登《のぼ》り、池でルアーを投《な》げた。毎月二十六日のブラックバス専門誌《せんもんし》の発売日《はつばいび》には、その雑誌《ざっし》を必《かなら》ず買ってはむさぼり読んだ。

釣《つ》りはすっかりタクヤの生活の一部になっていたんだ。

初《はじ》めて釣《つ》り上げたブラックバスのウロコを絵にはめこみ、いまでも大切にかざっている

タクヤの仕事部屋《しごとべや》のボードには、思い出の写真《しゃしん》や宝物《たからもの》がはられ、記念《きねん》のルアーがつり下げてある

ヒーローになりたい!!

六十五センチのコイを釣《つ》り上げた思い出の日——、実《じつ》はタクヤは、一度《ど》釣《つ》り針《ばり》にかかったコイに糸を切られて取《と》り逃《に》がしていた。けれど、ここであきらめたらヒーローになれない。タクヤはもう一度《ど》、ミミズをエサにつけて釣《つ》り糸をたらした。すると、同じ魚がもう一度《ど》かかった。

——今度《こんど》こそ釣《つ》り上げてみせる！

ところが力まかせに釣《つ》りざおを引っ張《ぱ》ったら、魚の重《おも》みで釣《つ》り糸が切れそうになった。

「うわぁぁぁぁ、これじゃ、さおが折《お》れちゃうよ〜」

身長《しんちょう》百四十六センチ、体重《たいじゅう》四十キロ台だった中学一年生のタクヤにとって、重《おも》さが五、六キロもあるコイはとてつもない大きさに思えた。宝物《たからもの》の釣《つ》りざおを折《お》りたくない一心で、タクヤはコイに引きずられるままに、川べりの道を何十メートルも走りに走った。

――このままじゃ、また糸を切られちゃうよ～。

そう思ったタクヤは石を投《な》げてコイをおどかし、水路《すいろ》に追《お》いこむ作戦《さくせん》を取《と》った。せまい水路《すいろ》に追《お》いこめば、取《と》り逃《に》がすことはない。最後《さいご》は近所《きんじょ》の友達《ともだち》に虫取《と》り網《あみ》を借《か》りて、やっとのことでつかまえた。大きなコイを網《あみ》ごと道に上げると、細い糸で編《あ》まれている虫取《と》り網《あみ》はコイの重《おも》みでやぶれていた。

――あぶない、あぶない。また逃《に》がすところだった。

そのコイは、完全《かんぜん》にその川の「主《ぬし》」だった。堂々《どうどう》としていて貫禄《かんろく》がある。それまで釣《つ》れたのは三十五センチ程度《ていど》のウグイがせいぜいだったから、ほぼ二倍《ばい》もあるコイが釣《つ》れたのは子どもたちからしてみたら奇跡《きせき》だった。

このときの喜《よろこ》びを、タクヤはいまもわすれていない。

「あの日は完全《かんぜん》にぼくがヒーローでした。弟と年下の友達《ともだち》をしたがえて、ぼくはヒーローになったんです」

虫取《と》り網《あみ》をかしてくれた友達《ともだち》にあやまり、父親に写真《しゃしん》を撮《と》ってもらうと、タクヤは「また会おう」と言って、そっとコイを川に逃《に》がしてやった。

このころからタクヤは、大きな魚をすごい存在《そんざい》だと尊敬《そんけい》していた。のちに世界《せかい》に出て、各地《かくち》の川や湖《みずうみ》の「主《ぬし》」のような大きな魚をねらおうとする意欲《いよく》は、このときから芽生《めば》えていたんだ。

釣《つ》りざおからギター!?

とは言え、タクヤの釣《つ》りへの思いも、一度《ど》だけ消《き》えかけたことがある。

それは、中学を卒業《そつぎょう》して進《すす》んだ富山県立高岡高等学校《とやまけんりつたかおかこうとうがっこう》時代《じだい》のこと。タクヤは中学に引き続《つづ》き剣道部《けんどうぶ》に入った。

中学時代《じだい》までは竹刀《しない》袋《ぶくろ》に釣《つ》りざおも入っていたけれど、このころはちがった。タクヤの手ににぎられていたのは、釣《つ》りざおではなく……、ギターだった。

なぜタクヤがギターを？

高校に入ると、タクヤが気になるのは魚ではなくて、学校内の女の子たちになってしまったんだ。

――ぼくもかわいい彼女《かのじょ》がほしいよ～。

そう思って女の子に話しかけてみても、釣《つ》りや魚の話ばかりでは、だれも相手《あいて》にしてくれない。釣《つ》りが好《す》きな男友達《おとこともだち》にとっては、大きな魚を釣《つ》り上げたタクヤはヒーローだけれど、女の子たちは、「魚って気持《きも》ちわるーい」なんて言って、タクヤの話にはだれも乗《の》ってこない。

それよりも流行《りゅうこう》の歌をギターで弾《ひ》いたほうが女の子にもてるのはわかっていたから、タクヤは釣《つ》りざおにかえてギターを手にすることにしたんだ。

それに、高岡高等学校《たかおかこうとうがっこう》は県《けん》でも有数《ゆうすう》の進学校《しんがくこう》で、優秀《ゆうしゅう》な生徒《せいと》が集《あつ》まるから、タクヤは小中学校時代《じだい》のように「トップクラス」ではいられなくなっていた。努力《どりょく》して勉強《べんきょう》ができる生徒《せいと》はむしろ普通《ふつう》で、それほど勉強《べんきょう》しなくても、もともとの頭のよさで素晴《すば》らしい成績《せいせき》を取《と》ってしまう「天才君《くん》」たちが何人もいたんだ。

タクヤにはそれがショックだった。

そういう天才君《くん》たちは当たり前のように、東京大学《とうきょうだいがく》、京都大学《きょうとだいがく》、慶應義塾大《けいおうぎじゅくだい》学《がく》、早稲田大学《わせだだいがく》などの有名《ゆうめい》大学への進学《しんがく》を目指《めざ》している。彼《かれ》らの将来《しょうらい》の夢《ゆめ》は、医《い》者《しゃ》、弁護士《べんごし》、官僚《かんりょう》、一流《いちりゅう》企業《きぎょう》のサラリーマン。それらを目指《めざ》して熱心《ねっしん》に受験《じゅけん》勉《べん》強《きょう》をするのが当たり前、という雰囲気《ふんいき》だった。

タクヤは、そんな雰囲気《ふんいき》がいやでいやでたまらなかった。一人でもがいても、どうしていいかわからない。タクヤは声に出してこうさけびたかった。

「勉強《べんきょう》じゃなくて、別《べつ》の面《めん》でかがやくことはできないのかよ～!!」

そんなとき、仲間《なかま》たちともり上がったことがあった。

冒険《ぼうけん》の始《はじ》まり

「高校時代《じだい》は勉強《べんきょう》だけじゃないだろ。とにかく面白《おもしろ》いこと、でかいことをやろう。何か思い出に残《のこ》ることをしようぜ」

一年生の冬のある日のこと、理数科クラスの仲間《なかま》たちと食事《しょくじ》をしているときに、そう言い出したのはタクヤだった。

その言葉《ことば》に、集《あつ》まっていた四人の友達《ともだち》も口をそろえた。

「そうだな、何かやってやろう」

みんなもタクヤと同じように、勉強《べんきょう》ばかりの毎日にもんもんとしていたんだ。

このときタクヤが考えたのは、勉強以外《べんきょういがい》でヒーローになる方法《ほうほう》だった。勉強《べんきょう》で天才君《くん》たちに勝《か》てないなら、ほかの分野で勝《か》てるものがあるはずだ。

五人であれこれ考えて出てきたのは、「高校二年生の夏休みに、高岡《たかおか》、神戸《こうべ》間を通学用の自転車《じてんしゃ》で往復《おうふく》してこよう」というアイデアだった。

ちょっと待《ま》て！　高岡《たかおか》から神戸《こうべ》までといったら往復約八百《おうふくやく》キロはあるし、途中《とちゅう》できびしい峠《とうげ》もこえなきゃならない。スポーツサイクルならまだしも、シティサイクルでそんなこと、できるのか？

そうした疑問《ぎもん》をだれかが持《も》ちそうなものだけれど、だれもそんなことは言い出さなかった。「面白《おもしろ》そうだな」と軽《かる》いノリで、全員《ぜんいん》が賛成《さんせい》してしまったんだ。

このときの仲間《なかま》の一人、杉本和也《すぎもとかずや》さんが語る。

「計画してからの小塚君《こづかくん》の行動力《こうどうりょく》はすごかったです。高岡《たかおか》から神戸《こうべ》までのコースを考えたり、一日何キロ走るか考えたり、宿《やど》を予約《よやく》したり、すべて一人でやってくれました」

ところが出発前《しゅっぱつまえ》、この計画が担任《たんにん》の先生にバレてしまった。先生はむずかしい顔をしてこう言った。

「おまえたちは大切な夏休みに何をやろうとしているんだ。そんなヒマがあったら勉強《べんきょう》しられ（しろ）！　大学に受《う》かってから神戸《こうべ》に行ってもおそないやろ！」

でも、タクヤたちは聞く耳を持《も》たなかった。すでにクラス中がこの計画を知っていたし、いまさらやめるわけにはいかなかった。とにかくやり切ることしか考えていなかったんだ。

それに、タクヤが立てた計画の中には、「事前《じぜん》に宿題《しゅくだい》をできるかぎりかたづける」「旅行中《りょこうちゅう》は寝《ね》る前に二〜三時間学習《がくしゅう》する」としっかり書いてある。

一見無謀《むぼう》な計画を立てているように見えるけれど、その前にちゃんと準備《じゅんび》するのが、タクヤの性格《せいかく》なんだ。

計画を実行《じっこう》する前には、試《ため》しに高岡《たかおか》から山代温泉《やましろおんせん》まで片道約《かたみちやく》百キロの道のりを自転車《じてんしゃ》で走ってみたり、着々《ちゃくちゃく》と準備《じゅんび》を進《すす》めていった。

夏休み旅行計画（本州縦断サイクリング）

8月5日
走行距離：１３４キロ　宿泊：~~永平寺門前山口荘~~（２９００円）[redacted] 600 1000
備考：早朝、島尾海岸より出発。
8月6日 （8/4日までにれんらく）
走行距離：１２０キロ　宿泊：　和迩浜青年会館（２５００円）[redacted] 400 800 （いるときだけ前日れんらく）
備考：琵琶湖のすぐそばです。
8月7日
走行距離：１１８キロ　宿泊：神戸たるみユースホテル [redacted]
備考：明石海峡大橋の目の前です （夜9時までに入る　前日までに言う）
8月8日
走行距離：６８キロ　宿泊：北山ユースホテル（２８００円）[redacted] 500 800
8月9日
走行距離：０キロ　宿泊：~~北山ユースホテル~~（２８００円） （東山ユース（2200+900））
備考：一日自由行動。京大オープンキャンパス（参加：小塚、沙魚川、山田）の日。
8月10日
走行距離：１５２キロ　宿泊：~~永平寺門前山口荘~~（２９００円） （東山（2200+900））
備考：適度な位置に宿がないため、一生懸命走る。
8月11日
走行距離１３４キロ
備考：富山到着。みんなで島尾海岸へ行く。そこで、ゴール！！

参加者：小塚、山田、沙魚川、本田、杉本（２－５）

食事：基本的には夕食は旅館で、朝食、昼食は店、およびコンビニ等で

学習計画：事前に宿題を出きる限り片付け、旅行中は寝る前に２～3時間学習する。

連絡先：全員が携帯電話を所持。代表小塚 [redacted]

予算：宿泊費 16700 円、食費一万円、小遣い等を合計して 40000 円ぐらいを予定

生活サイクル：早朝6時ころから宿を出て午前中に 100 キロほど距離を稼ぐ。午後は気温の下がり始める3時ころからまた走る（事前調査により一時間２０キロ弱ほど走行可能）その間の時間は昼食および近辺の散策、休養に当てる。5～6 時頃には旅館に到着、夕食、入浴、洗濯などを済ませた後、翌日の準備、学習をして翌日の為に早めに就寝する。

その他：事前に各自で自転車を自転車店にて整備、点検をしてもらう。
トレーニング、下見としてとして、富山、金沢くらいの距離には自転車で行っている。リハーサルとして加賀温泉（高岡から 100 キロ）までを 5 時間弱で行ったこともある。
体調が崩れたものが出た場合は自転車を宅急便で送り、その本人は無理せず電車等の公共交通機関で帰宅する。

参考 HP [redacted]

タクヤが作成《さくせい》した「夏休み旅行《りょこう》計画（本州縦断《ほんしゅうじゅうだん》サイクリング）」の行程表《こうていひょう》

杉本《すぎもと》さんはこう続《つづ》ける。

「八月五日早朝、通学用の自転車《じてんしゃ》で出発《しゅっぱつ》しました。小塚君《こづかくん》はもしものことを考えて、パンク修理《しゅうり》の道具《どうぐ》も持《も》ってきてくれました。最初《さいしょ》の日は福井県《ふくいけん》の永平寺《えいへいじ》まで百三十四キロを走って、最後《さいご》はもうふらふらでした」

タクヤは一年生のとき地理の授業《じゅぎょう》で使《つか》った地図帳《ちずちょう》を持《も》ってきて、地図がわりに使《つか》っていた。琵琶湖《びわこ》の近くの宿《やど》に到着《とうちゃく》したのが二日目のこと。ここまでで約《やく》二百五十キロ。神戸《こうべ》までは、あと百二十キロも残《のこ》っている。

このころになると、「尻《しり》がいたい」「尻《しり》の皮《かわ》がむけた」「足がいたい」と言い出す仲間《なかま》もいた。けれどタクヤは、「ぶつぶつ言うなら電車で帰れ！」と仲間《なかま》をしかり、はげまして、決《けっ》して泣《な》き言を言わなかった。もちろんタクヤもつかれてはいたけれど、自分で目的地《もくてきち》を選《えら》び、自分で計画し、途中《とちゅう》だれからもあれこれ指図《さしず》されない自由《じゆう》な環境《かんきょう》に、これまで味《あじ》わったことのない喜《よろこ》びを感《かん》じていたんだ。

それに実《じつ》は、このとき集《あつ》まった五人の中でタクヤをふくめた三人が、好《す》きな女の子にふられたばかりだったんだ。

――もうやけくそだ！　どうにでもなれ!!

むしゃくしゃする気持《きも》ちを自転車《じてんしゃ》のペダルにぶつけ、大汗《おおあせ》をかきながら走っていると、気持《きも》ちのいい風もふいてきて気分がせいせいする。

――これが旅《たび》なんだ！　これが冒険《ぼうけん》の楽しさなんだ！

タクヤにとってはこの旅《たび》が、大学時代《じだい》から始《はじ》まる「怪魚《かいぎょ》を求《もと》める冒険《ぼうけん》」の助走《じょそう》になったことはまちがいない。

冒険《ぼうけん》の準備《じゅんび》はしっかりと

神戸《こうべ》からもどると、タクヤはひさしぶりに釣《つ》りざおを取《と》り出し、海で釣《つ》り糸をたれてみた。八月後半、キジハタの最盛期《さいせいき》だ。タクヤの釣《つ》りざおには、ルアー釣《づ》りを始《はじ》めるきっかけになったキジハタが面白《おもしろ》いようにかかった。

――これこれ、これだよ。女の子よりも釣《つ》りが最高《さいこう》だ。ぼくにはやっぱり釣《つ》りなんだぁ！

サイクリング２日目の５人。まだよゆうがある？　写真《しゃしん》一番右が杉本和也《すぎもとかずや》さん、そのとなりがタクヤ

こうしてタクヤはまたギターを釣《つ》りざおに持《も》ちかえて、中学時代《じだい》にもまして釣《つ》りに熱中《ねっちゅう》していくことになったんだ。

高校を卒業《そつぎょう》して進《すす》んだ、宮城県仙台市《みやぎけんせんだいし》にある東北大学《とうほくだいがく》。タクヤは魚の研究《けんきゅう》がしたくて理学部生物学科《りがくぶせいぶつがっか》に進《すす》んだ。

ところが、タクヤが大学に入学してすぐに始《はじ》めたのは、冒険《ぼうけん》の準備《じゅんび》だった。

「ぼくも冒険《ぼうけん》につき合わされました」

と、大学時代の同級生《どうきゅうせい》の芹澤敬介《せりざわけいすけ》さんは、こうふり返《かえ》る。

「入学早々、グンちゃんが突然《とつぜん》、『無人島《むじんとう》に行こう』と言い出したんです」

大学に進《すす》むと、タクヤは仲間《なかま》たちから「グンちゃん」とよばれるようになった。軍《ぐん》の分隊《ぶんたい》を指揮《しき》する「軍曹《ぐんそう》」のように、何でもバリバリ物事《ものごと》を進《すす》めるタイプだったからだ。

タクヤの提案《ていあん》を聞いた仲間《なかま》はびっくりしたけれど、「いいね、行ってみようか」と、軽《かる》い気持《きも》ちで返事《へんじ》をしてしまった。

「ちょうどあるテレビ番組で、芸人《げいにん》さんが無人島《むじんとう》でくらす企画《きかく》を放送《ほうそう》していて、ぼくたちでもできると思ったんです」と芹澤《せりざわ》さんは言う。

このときも、タクヤは自分が先頭に立って冒険《ぼうけん》の準備《じゅんび》をした。まずは冒険《ぼうけん》の舞《ぶ》台《たい》として宮城県牡鹿半島《みやぎけんおしかはんとう》の先にある無人島《むじんとう》・鮫島《さめじま》を見つけ出し、近くの漁師《りょうし》さんと交渉《こうしょう》して、安《やす》い料金《りょうきん》で島《しま》まで船で送《おく》りむかえをしてもらう約束《やくそく》を取《と》りつけた。

少年時代《じだい》からすでに、一度目標《どもくひょう》を設定《せってい》すると、何とかしてそれを達成《たっせい》してしまうのがタクヤの特技《とくぎ》だった。この特技《とくぎ》があったからこそ、のちの世界《せかい》での冒険《ぼうけん》が可《か》能《のう》になったわけだ。

ところが、タクヤが設定《せってい》した「一週間、無人島《むじんとう》で、つかまえた魚や貝だけで生活する」という条件《じょうけん》が、思いのほかきびしかった。

芹澤《せりざわ》さんがふり返《かえ》る。

「結局《けっきょく》ぼくたち十人は無人島《むじんとう》にわたったんですが、もしもう一度《ど》あの島《しま》に行くかと聞かれたら、はっきり『行きません』と答えますね。ぼくらは銛《もり》を持《も》っていったんですが、食べられる魚なんて簡単《かんたん》にとれるものじゃありません。グンちゃんは結構《けっこう》とっていたけれど、主食《しゅしょく》の米もないし、一日目で食べ物《もの》の取《と》り合いになってしまって。そのときの険悪《けんあく》な雰囲気《ふんいき》といったら……」

少ない食料《しょくりょう》を十人で分けなければならないのだから、いまにもケンカしそうな雰囲気《ふんいき》だった。

そのとき救《すく》いの手を差《さ》しのべてくれたのは、地元の漁師《りょうし》さんだった。

「君《きみ》たち、この島《しま》は漁師《りょうし》の取《と》り決《き》めで、人がいてはいけない島《しま》なんだ。さっさととなりの島《しま》にうつりなさい」

そう言って合宿《がっしゅく》二日目に、船でとなりの島《しま》に連《つ》れていってくれた。そこは人が住《す》んでいる島《しま》だったので、船着《ふなつ》き場の岸壁《がんぺき》で釣《つ》りができたし、水場で釣《つ》った魚をさばくこともできた。それでめでたく十人は一週間生きのびることができた。

——冒険《ぼうけん》には、しっかりとした準備《じゅんび》が必要《ひつよう》だ。

この体験《たいけん》もまた、タクヤにとっては、翌月《よくげつ》に始《はじ》まる東南アジアへの冒険《ぼうけん》の旅《たび》の教訓《きょうくん》になった。

いざ鮫島《さめじま》へ。タクヤが撮影《さつえい》。
芹澤敬介《せりざわけいすけ》さんは、写真《しゃしん》右から２番目

鮫島《さめじま》から見た風景《ふうけい》。干潮《かんちょう》のときは小島《こじま》まで歩いていける。この小島《こじま》に飲《の》み水を入れたポリタンクを置《お》いておいたので、満潮時《まんちょうじ》に流《なが》されて大変《たいへん》なことに……

初日《しょにち》の夕方、みんなで釣《つ》った魚を持《も》ちよると、たったこれだけしかなかった

あこがれの人との出会い

こうして着々《ちゃくちゃく》と冒険《ぼうけん》の準備《じゅんび》をしていたタクヤだけれど、「怪魚《かいぎょ》を釣《つ》ろう！」と決《けっ》心《しん》したのには理由《りゆう》がある。高校時代、のちの冒険生活につながる大きな出会いがあった。すでに何匹《なんびき》も怪魚《かいぎょ》を釣《つ》り上げていた冒険家《ぼうけんか》の先輩《せんぱい》、武石憲貴《たけいしのりたか》さんと出会ったことだ。

受験勉強《じゅけんべんきょう》に明けくれていた高校三年生の秋、タクヤは偶然《ぐうぜん》、武石《たけいし》さんのホームページを見つけた。

武石《たけいし》さんは、たとえばモンゴルの大草原に一人で出かけていき、現地《げんち》で馬を購《こう》入《にゅう》して目指《めざ》す川や湖《みずうみ》をさがし出し、そこにしかいない怪魚《かいぎょ》を釣《つ》り上げる――そんな旅《たび》をくり返《かえ》す怪魚《かいぎょ》ハンターだった。

世界《せかい》を旅《たび》してめずらしい魚や怪魚《かいぎょ》を釣《つ》り上げる人はほかにもいるけれど、彼《かれ》らはみな現地《げんち》でガイドやアシスタントをやとってチームを組み、大がかりな準備《じゅんび》をして魚を釣《つ》り上げていた。

それは、タクヤには、「お金持《かねも》ちだけができる冒険《ぼうけん》。自分には手のとどかない夢《ゆめ》」だと思えた。

それに対《たい》して武石《たけいし》さんは、大きなチームは組まない。自分で道具《どうぐ》を持《も》って自ら道を切りひらき、遠回りをしながらも、自分の力で目指《めざ》す怪魚《かいぎょ》にたどり着《つ》いている。苦労《くろう》をふくめて、そんな旅を全身《ぜんしん》で楽しんでいる。

――武石《たけいし》さん、カッコイイ!

タクヤはまず、そのすがたにあこがれた。それに武石《たけいし》さんのスタイルなら、学生でお金のない自分にもできそうだ、と思えた。

一度《ど》でいいから武石《たけいし》さんに会いたいと思ったけれど、そのころ武石《たけいし》さんは秋田県《あきたけん》に住《す》んでいて、受験《じゅけん》が終《お》わるまでは会いにいけなかった。

その思いがかなったのは、東北大学《とうほくだいがく》を受験《じゅけん》するため仙台《せんだい》に行ったときのこと。タクヤは試験《しけん》が終《お》わると、高速《こうそく》バスに飛《と》び乗《の》って、武石《たけいし》さんが住《す》む秋田《あきた》を目指《めざ》した。

そのとき聞いた武石《たけいし》さんの冒険談《ぼうけんだん》の面白《おもしろ》いことと言ったら!

タクヤにとっては、「よし、ぼくも大学生になったら、絶対《ぜったい》に世界《せかい》に出て怪魚《かいぎょ》を釣《つ》るぞ！」と決意《けつい》するきっかけになったんだ。

この決意《けつい》をまずだれに伝《つた》えようか――、そう思ったとき、タクヤの胸《むね》に浮《う》かんできたのは、神戸《こうべ》への旅《たび》の前にふられたあの女の子だった。

世界《せかい》への冒険《ぼうけん》の旅《たび》に――

武石《たけいし》さんに会うという念願《ねんがん》をかなえ、東北大学《とうほくだいがく》にも合格《ごうかく》を果《は》たしたあとのこと。入学のために仙台《せんだい》に向《む》かう直前、タクヤは好《す》きだったその女の子をデートにさそってこう言った。

「ぼくは大学時代《じだい》に五回、海外に釣《つ》りの旅《たび》に出るよ」

世界《せかい》、冒険《ぼうけん》、大きな魚を釣《つ》り上げる、夢《ゆめ》、青春――。

この冒険《ぼうけん》ができたら、ぼくはヒーローになれる。女の子も自分のことを見直してくれるにちがいない――、タクヤはなぜかそう思いこんでいた。だから武石《たけいし》さんから聞いた、世界《せかい》で怪魚《かいぎょ》を釣《つ》り上げる夢《ゆめ》を熱《あつ》く語り続《つづ》けたんだ。

武石憲貴《たけいしのりたか》さんが、タクヤの開発《かいはつ》した釣《つ》りざおで「紅《あか》き大陸《たいりく》の獅子《しし》」グードゥを釣《つ》った

ところが、タククヤの言葉《ことば》を聞いた女の子はぽかんとしている。

「旅《たび》？　大きな魚？　何それ？」

どんなに熱《あつ》く語っても、タククヤの夢《ゆめ》は女の子に伝《つた》わらない。

「全然《ぜんぜん》わからない。ごめんなさい。さようなら」

女の子はそう言い残《のこ》して、あっさりと帰ってしまった。

タククヤの思いはとどかなかった。またしてもふられてしまったんだ。

結局《けっきょく》、タククヤの中に残《のこ》ったのは、「世界《せかい》への冒険《ぼうけん》と怪魚釣《かいぎょつ》り」の夢《ゆめ》だった。女の子にはふられたけれど、この夢《ゆめ》をすてるわけにはいかない。タククヤは大学進学《しんがく》と同時にアルバイトを始《はじ》め、世界《せかい》への冒険《ぼうけん》の準備《じゅんび》を進《すす》めることにした。

そう、怪魚《かいぎょ》ハンターへの道は、ここから始《はじ》まったんだ。

第《だい》2章《しょう》　釣《つ》り上げた、怪魚中《かいぎょちゅう》の怪魚《かいぎょ》たち

大学生になってから、タイを皮切《かわき》りに世界《せかい》を旅《たび》するようになったタクヤ。ほとんど一人旅《たび》で、ジャングルの奥地《おくち》や大草原の川や湖《みずうみ》をたずねては、怪魚《かいぎょ》を釣《つ》り上げてきた。

その中でも、タクヤが「怪魚中《かいぎょちゅう》の怪魚《かいぎょ》」とみとめる三匹《びき》の魚がいる。そのどれもが世界中《せかいじゅう》の怪魚《かいぎょ》ハンターのあこがれであり、容易《ようい》に釣《つ》り上げられる魚ではない。

その三匹《びき》はどこに棲《す》んでいたのか？　どんなふうに釣《つ》り上げられたのか？　そのとき、タクヤはどんな喜《よろこ》びを見せたのか？

この章《しょう》では、タクヤの「怪魚《かいぎょ》ベスト3《スリー》」を紹介《しょうかい》しよう。

自分の身体《からだ》より大きな魚「ピラルクー」

タクヤが地球《ちきゅう》の裏側《うらがわ》のアマゾンにいどんだのは、大学院《だいがくいん》一年生の夏のことだった。このとき二十三歳《さい》。すでにパプアニューギニア、ユーラシア大陸《たいりく》やアフリカ大《たい》陸《りく》の国々と、世界中《せかいじゅう》の旅《たび》を経験《けいけん》していたけれど、アマゾンはタクヤにとっては特《とく》別《べつ》な場所《ばしょ》だった。

それは少年時代《じだい》、『柏木重孝《かしわぎしげたか》のアマゾン大釣行《だいちょうこう》』（学習研究社《がくしゅうけんきゅうしゃ》・刊《かん》）という本を読んで、一人でこの地を旅《たび》することを思い描《えが》いていたからだ。その表紙《ひょうし》には「パヤーラ」という、開《あ》いた口から長い牙《きば》が飛《と》び出している魚の写真《しゃしん》が使《つか》われていた。

――えーっ！　アマゾンに行けばこんな魚が釣《つ》れるのか！

そのおどろきがエネルギーとなって、タクヤは世界《せかい》への旅《たび》にあこがれるようになったんだ。

いまもその本は、自宅《じたく》の本だなに大切に置《お》かれている。タクヤにとってアマゾンは、一度《ど》は挑戦《ちょうせん》しなければならない場所《ばしょ》だったんだ。

『柏木重孝《かしわぎしげたか》のアマゾン大釣行《だいちょうこう》』を読んで、タクヤはアマゾンへのあこがれをつのらせた

タクヤの仕事部屋《しごとべや》。ボードには大きな外国の地図がはってある

みんなは、アマゾンの大きさを知っているだろうか？

アマゾンは、南アメリカ大陸《たいりく》の九カ国にまたがって広がる熱帯《ねったい》雨林のジャングルで、面積《めんせき》は約《やく》七百六万平方《へいほう》キロ（日本列島の約《やく》十九・五倍‼）。世界中《せかいじゅう》の熱帯《ねったい》雨林の約《やく》三分の一を占《し》めている。アマゾンの中心を流《なが》れるアマゾン川河口《かこう》の川幅《かわはば》は二百七十キロ！　何と東京と名古屋《なごや》の直線距離《きょり》に相当《そうとう》する。そして、その中央《ちゅうおう》にあるマラジョ島《とう》は九州《きゅうしゅう》よりも大きい！　とてつもなく大きいジャングルだ。

そのことを知り、タクヤはこう思った。

——自分の身体《からだ》より大きな魚が釣《つ》りたい！

それはタクヤのおさないころからの夢《ゆめ》だった。アマゾンでなら、その夢《ゆめ》がかなうはずだ。

タクヤは飛行機《ひこうき》を乗《の》りつぎ、二十五時間以上《いじょう》かけてブラジルへ。さらに何本もバスを乗りついで、奥地《おくち》にあるジャングルにやってきた。

そして釣《つ》り糸をたらして待《ま》つこと約《やく》一カ月。ついにチャンスはやってきた——。

そのときタクヤは、雨季《うき》にたまった水が乾季《かんき》になって干《ひ》上がってできた小さな三日月湖《みかづきこ》にいた。水深《すいしん》は二、三メートルがせいぜいで、とても大きな魚がいそうな湖《みずうみ》ではない。

ところがおどろいたことに、そこでは体長二メートルもある淡水《たんすい》イルカがアロワナという魚を追《お》い回していた。その様子《ようす》を見ていたら、背後《はいご》で「バホッ」と大きな水音がした。

タクヤがふり向《む》くと、イルカよりも大きい「何者《なにもの》」かが呼吸《こきゅう》のために水面《すいめん》に上がり、反転《はんてん》し、しずんでいった。

タクヤの目は点になり、キーンと耳鳴りがしたまま、時の流《なが》れが止まった。

――でかい‼　まるで電信柱《でんしんばしら》が泳《およ》いでいるみたいじゃないか。

それが、タクヤが「神龍《しぇんろん》」とよぶ、世界最大《せかいさいだい》の有鱗淡水魚《ゆうりんたんすいぎょ》「ピラルクー」との出会いだった。

ピラルクーは、大きいものは体長三、四メートルになる。現地《げんち》の言葉《ことば》で、「ピラ」は「魚」、「ウルクー」は「赤い大樹《たいじゅ》」。大きな身体《からだ》にはりついた巨大《きょだい》なウロコに赤い縁取《ふちど》りがあることから、この名前がつけられたという。

——さあて、この魚をどうやって釣《つ》り上げるか。

ブラジルの観光《かんこう》ビザの有効期限《ゆうこうきげん》が切れるまで残《のこ》り二カ月。その間、タクヤは、一心にそのことを考え続《つづ》けることになった。

魚の気持《きも》ちになって考える

釣《つ》りは、世界中《せかいじゅう》の人が楽しむ「趣味《しゅみ》の王様《おうさま》」といわれている。

多くの人々が夢中《むちゅう》になるのには理由《りゆう》がある。

釣《つ》り人は、言葉《ことば》が通じない魚のことを一生懸命《けんめい》に考えて、自分なりのストーリーを作って、「魚の気持《きも》ち」をわかろうとする。

——早朝や夕方には、魚はお腹《なか》をすかせているだろう。

——あの魚は、ミミズよりも牛肉のほうが好《す》きだろう。

——もしも釣《つ》り針《ばり》にかかったら、あの魚だったら、このルートで逃《に》げようとするだろう、などなど。

釣《つ》れないときにこそ、魚の気持《きも》ちになって魚の行動《こうどう》を考える。考えに考え、つきつめていくと、だんだんと魚の気持《きも》ちがわかるようになっていく。それが多くの人をとりこにする釣《つ》りの楽しみだ。

タクヤも、世界中《せかいじゅう》どこに行っても、一生懸命《けんめい》、魚の気持《きも》ちを考える。

「川や湖《みずうみ》の水の色を見ているだけで魚の様子《ようす》がわかる」と、タクヤは言う。川面《かわも》を見ながら「魚の匂《にお》いがする」と言うときもある。

水の色、水温《すいおん》、水の匂《にお》い――そういうことを身体全体《からだぜんたい》で感《かん》じながら、魚の気持《きも》ちをさぐろうと神経《しんけい》を集中《しゅうちゅう》させるんだ。

あらかじめ川底《かわぞこ》をさらって、魚が逃《に》げそうなルートを整地《せいち》しておくこともわすれない。魚を追《お》いこみやすいように、木をたおして逃《に》げ道をせばめておくこともあるし、釣《つ》り糸がからまりそうな障害物《しょうがいぶつ》は取《と》りのぞいておくこともある。

アマゾンでは、タクヤは三日月湖《みかづきこ》の近くでキャンプを張《は》って、何日も何日もピラルクーの気持《きも》ちを考え続《つづ》けた。

その湖《みずうみ》には、二匹《ひき》のピラルクーが棲《す》んでいることがわかった。ピラルクーは空気呼吸《こきゅう》も行うので、三十分ほどの間隔《かんかく》で空気を吸《す》いに水面《すいめん》に上がってくる。

大きな音をさせ水面《すいめん》に上がってくると、呼吸《こきゅう》をするときの「バホッ」という音が周囲《しゅうい》にひびく。二匹《ひき》ともタクヤと同じか、それ以上《いじょう》の大きさだ。この湖《みずうみ》の「主《ぬし》」にちがいない。

――チャンスは一匹《ぴき》につき一回ずつ。二回しかない。

タクヤはそう考えた。ピラルクーはかしこいから、一度針《どはり》にかかっても逃《に》げてしまったら、もう二度《ど》と同じエサは口にしないだろう。

タクヤは道具《どうぐ》の準備《じゅんび》を始《はじ》めた。使《つか》う釣《つ》り糸はマグロをねらうときに用いるナイロン製《せい》のもの。スパゲティくらいの太さがある。浮《う》きは二リットルのペットボトル。釣《つ》りざおは折《お》れてしまうので使《つか》わずに、エサの魚（タライラ）をつけた釣り針《ばり》を、湖岸《こがん》から手で投《な》げこむことにした。そのタイミングも、風がふいたときや小魚がはねたときなど、自然《しぜん》の音がしたときだけにしようと決《き》めた。エサが着水《ちゃくすい》するときのポチャンという音で、余計《よけい》な警戒心《けいかいしん》をあたえないためだ。

ときには水面《すいめん》を数時間、ただただ見つめていたこともある。ピラルクーが水面《すいめん》に上がってくる時間を分単位《ふんたんい》で観察《かんさつ》して、どの時間帯《じかんたい》に何分おきに水面《すいめん》にあらわれるのか、ピラルクーの気持《きも》ちになって行動《こうどう》を把握《はあく》しようとしたんだ。

そして、ピラルクーがかかったときにじゃまにならないように、あらかじめ湖底《こてい》に倒木《とうぼく》や障害物《しょうがいぶつ》がないかをたしかめた。釣《つ》り糸がからまりそうな障害物《しょうがいぶつ》は、太い釣《つ》り糸をからませて引き上げておいた。

もう一つの問題《もんだい》は、同じ湖《みずうみ》に群《む》れを成《な》して生息《せいそく》する肉食魚ピラニアだった。獰《どう》猛《もう》なピラニアは、タクヤがピラルクーのために投《な》げこんだエサも容赦《ようしゃ》なく食べてしまうだろう。あるいはピラルクーと格闘《かくとう》しているときに湖《みずうみ》に落《お》ちたら、タクヤ目がけておそってくるかもしれない。

——どうしたらピラニアにおそわれないですむか？

そう考えながら水面《すいめん》を観察《かんさつ》していたタクヤは、「ピン！」とひらめいた。

「ピラニアの動《うご》きがにぶる時間が一日の中で十五分間だけある！」

そしてその時間帯《じかんたい》は、同時にピラルクーの呼吸間隔《こきゅうかんかく》が短《みじか》くなる時間帯《じかんたい》でもあった。

——このときだけピラルクーの動《うご》きが早くなるから、ピラニアは自分が食べられないように身《み》をひそめるんだ。この時がチャンスだ!!

タクヤはピラルクーとの勝負《しょうぶ》はこの一瞬《いっしゅん》にかけると決《き》めて、釣《つ》り糸を三日月湖《みかづきこ》に投げ、じっとその時を待《ま》つことにした。すると――。

「神龍《しぇんろん》」ピラルクーとの闘《たたか》い

「ぐぉぉぉぉぉぉぉぉ～!!」

タクヤが、突然《とつぜん》声にならない声でさけんだ。

魚がエサに食いつく「アタリ」が来た瞬間《しゅんかん》、その衝撃《しょうげき》で浮《う》きのペットボトルをとめていた輪《わ》ゴムがはじけ切れ、ペットボトルが空高く舞《ま》った。タクヤがにぎりしめていた釣《つ》り糸は一気に引っ張《ぱ》られ、どんどん湖《みずうみ》に向《む》かってのびていく。あまりの力強い「引き」に、タクヤの身体《からだ》は地面《じめん》に転《ころ》がされてしまった。けれど、釣《つ》り糸だけは放《はな》すまいと必死《ひっし》だ。

「ピロスカ（ピラルクーの現地語《げんちご》）だ！」

タクヤを手伝《てつだ》っていた現地人《げんちじん》のカウボーイ※がさけぶ。タクヤが投《な》げた釣《つ》り針《ばり》の先にかかったのは、自分の身体《からだ》よりも大きいピラルクーだった。

水中の怪魚《かいぎょ》は、突然《とつぜん》口に引っかかった釣《つ》り針《ばり》におどろき、力まかせに釣《つ》り糸を引きちぎろうと、もがき出した。タクヤはカウボーイと二人がかりで釣《つ》り糸を必死《ひっし》におさえながら、何とか怪魚《かいぎょ》のいきおいを止めようと足をふん張《ば》る。綱《つな》引きのような力勝負《しょうぶ》。もし釣《つ》り糸が手首にからまったら、そのまま身体《からだ》ごと水中に引きこまれることもある。

「ぐぁぁぁぁぁぁぁ!!」

タクヤとカウボーイが力をふりしぼっても、怪魚《かいぎょ》はあきらめない。どれくらい時間がたっただろう。長引く綱《つな》引きに決着《けっちゃく》をつけようと、渾身《こんしん》の力をこめたタクヤの意識《いしき》が一瞬《いっしゅん》飛《と》んでしまった。

「タクヤァァァァ!!」

カウボーイの絶叫《ぜっきょう》でわれに返《かえ》ると、ピラルクーはタクヤが予想《よそう》した通り、浅瀬《あさせ》に向《む》かって突進《とっしん》しているところだった。前もって湖底《こてい》をさらい、ここに追《お》いこめ

※アマゾンには、牧場《ぼくじょう》で働《はたら》くカウボーイが多い

ルアーに２匹《ひき》もピラニアがかかった

毒《どく》を持《も》った淡水《たんすい》エイの一種《しゅ》、ポルカドットスティングレー。
毒《どく》のあるトゲに黄《き》緑《みどり》のチューブをかぶせている

ば、背中《せなか》に飛《と》び乗《の》っておさえこめると考えていた場所《ばしょ》だ。

もちろん湖《みずうみ》に飛《と》びこめば、そこは危険《きけん》に満《み》ちている。浅瀬《あさせ》には淡水《たんすい》エイがいて、しっぽの毒針《どくばり》をふみぬけば、命《いのち》を落《お》とすこともある。ピラニアも活動停止《かつどうていし》時間を過《す》ぎているから、集団《しゅうだん》でおそってくるかもしれない。

けれど目の前を横切《よこぎ》っていったピラルクーは、そんな危険《きけん》などわすれさせるほどの怪物《かいぶつ》だった。ここで取《と》り逃《に》がしたら、二度《ど》と釣《つ》れるチャンスはない。ひたすら重《おも》い釣《つ》り糸をにぎりしめながら、命《いのち》の危険《きけん》を省《かえり》みず、タクヤの気持《きも》ちはピラルクーに真《ま》っ直ぐに向《む》かっていた。

「うぁらぁぁぁぁぁぁぁ!!」

大声を出しながら、タクヤは湖《みずうみ》に飛《と》びこんだ。手で水面《すいめん》をたたきながら、ピラルクーを浅瀬《あさせ》に追《お》いこんでいく。反転《はんてん》して深《ふか》みにもぐられたら、二度《ど》とそのすがたを見ることはできないだろう。

おどろいたピラルクーは泥《どろ》をけむりのようにまき上げて浅瀬《あさせ》をつき進《すす》む。ピラルクーも必死《ひっし》なら、タクヤも必死《ひっし》だ。とうとう水深《すいしん》二十センチほどのところで、ピラルクーは腹《はら》をすって動《うご》けなくなってしまった。

その瞬間《しゅんかん》、タクヤはその背中《せなか》に飛《と》びついた。

――で、で、でかい!!

体長二メートルはゆうにこえているだろう。巨体《きょたい》をだきかかえたタクヤのほうが小さく見える。「釣《つ》った」というよりも「つかまえた」と言うべきか。ついにタクヤは、自分よりも大きな怪魚《かいぎょ》に勝利《しょうり》したんだ。

「ヨッシャー!!」

アマゾンのジャングルに、タクヤの喜《よろこ》びの声《こえ》がひびいた。

ところが、大きな喜《よろこ》びのあとに、もっと深《ふか》い悲《かな》しみがおそってきた。つかまえたピラルクーが、ピクリとも動《うご》かなくなってしまったんだ。

――おかしい。さっきまであんなにあばれていたのに。

タクヤはあわててピラルクーを湖《みずうみ》の深場《ふかば》にもどして、一時間もの間、必死《ひっし》に蘇生《そせい》を試《こころ》みた。

――お願《ねが》いだ、生き返《かえ》ってくれ！

釣《つ》り上げた喜《よろこ》びのあとに大きな悲《かな》しみが……

ピラルクーを釣《つ》った翌日《よくじつ》、写真《しゃしん》を撮《と》る。右は現地協力者《げんちきょうりょくしゃ》のカウボーイ

巨大《きょだい》なウロコの赤い縁取《ふちど》りが
特徴的《とくちょうてき》なピラルクー

ところが巨大《きょだい》な神龍《しぇんろん》は、タクヤの両腕《りょううで》の中で息絶《いきた》えてしまった。湖《みずうみ》の主《ぬし》にしてはあまりにあっけない、あっと言う間の出来事《できごと》だった。

――しまった。大切な命《いのち》をうばってしまった。

タクヤは、釣《つ》り上げても食べきれない魚は、生きたまま川や湖《みずうみ》に返《かえ》すことにしていた。けれどこのときは、それがかなわなかった。

翌朝《よくあさ》、ピラルクーの巨体《きょたい》は村人の手で解体《かいたい》され、その肉は村中に配《くば》られた。骨《ほね》の一部《いちぶ》は薬《くすり》になるといって、引き取《と》られていった。タクヤはウロコや残《のこ》りの骨《ほね》を燃《も》やして、「早く雨季《うき》が来て湖《みずうみ》が干《ひ》上がりませんように。魚たちが生きのびられますように」といのりながら湖《みずうみ》にまいた。そしてこう思った。

――どんな生き物《もの》も、死《し》んだら物体《ぶったい》でしかない。人間も怪魚《かいぎょ》も、生きているうちが華《はな》なんだ！

命《いのち》のはかなさを教えてくれたこのピラルクーは、タクヤにとって、いまも特別《とくべつ》な怪魚《かいぎょ》になっている。

究極《きゅうきょく》の怪魚《かいぎょ》「ムベンガ」

「これが二十代《だい》のうちにボクが釣《つ》り上げた、最高《さいこう》の宝物《たからもの》です」

高岡《たかおか》の自宅《じたく》で、タクヤが巨大《きょだい》な魚の頭の剥製《はくせい》を見せてくれたことがある。

それは長くてするどい牙《きば》を持《も》つ、タクヤの顔よりも大きな魚の頭だった。

二〇〇九年、アマゾンでピラルクーを釣《つ》り上げた翌年《よくとし》、アフリカのコンゴ民主《みんしゅ》共和国《きょうわこく》で釣《つ》り上げた「ムベンガ」だ。

英語名《えいごめい》は「ゴライアス・タイガーフィッシュ」と言い、旧約聖書《きゅうやくせいしょ》に出てくる「ゴリアテ」という伝説《でんせつ》の巨人《きょじん》に由来《ゆらい》する。タクヤが「幻獣《げんじゅう》」と名づけた世界最《せかいさい》強《きょう》、究極《きゅうきょく》の怪魚《かいぎょ》だ。

タクヤが釣《つ》り上げたムベンガは、体長百四十二センチ、重《おも》さは約《やく》四十キロ。

タクヤにとっての、「ぶっちぎりの思い出ナンバー１怪魚《ワンかいぎょ》」だ。

この怪魚《かいぎょ》にいどむために、タクヤはコンゴで約《やく》一カ月を費《つい》やして、その時を待《ま》っていた――。

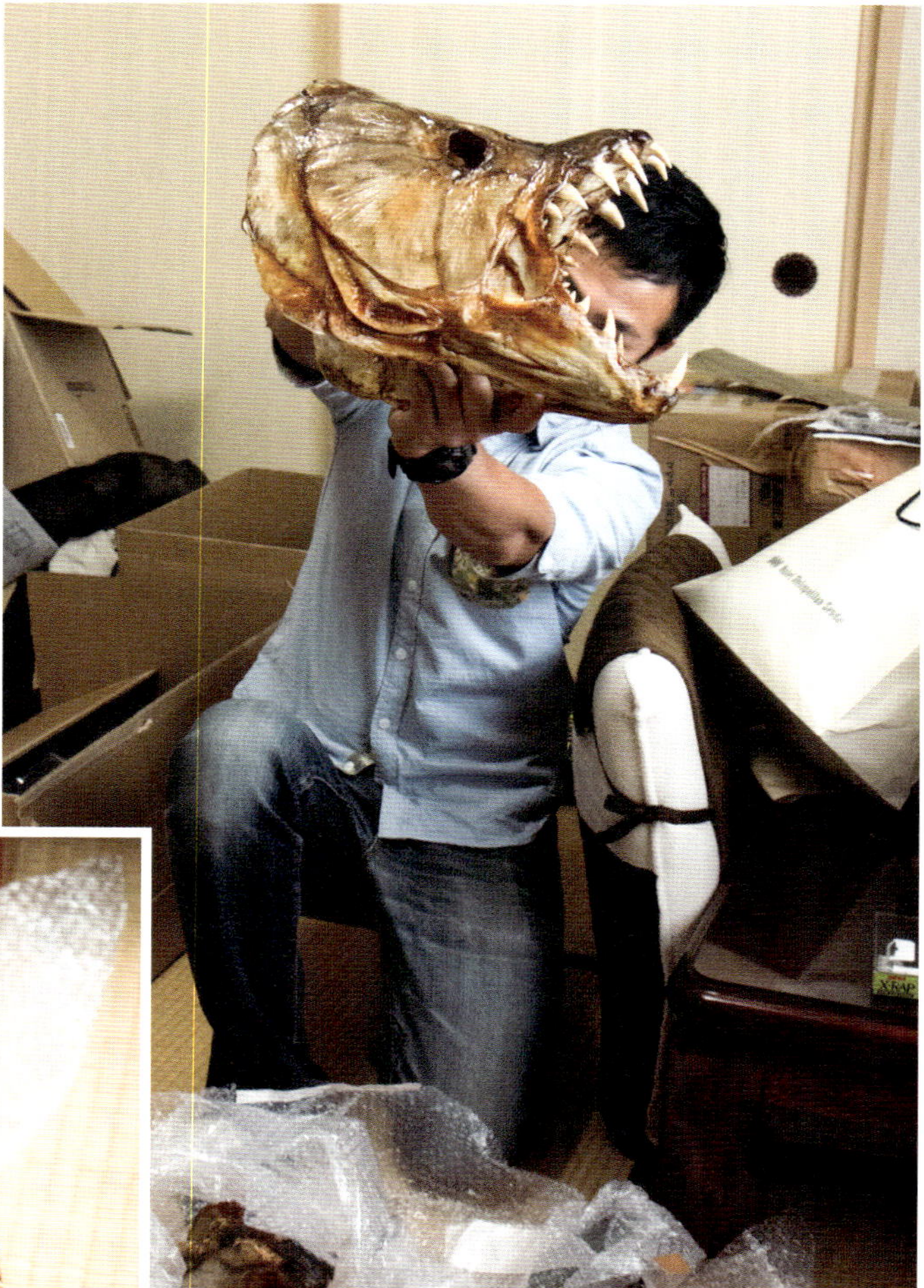

自宅《じたく》で大切に保管《ほかん》しているムベンガ頭部《とうぶ》の剥製《はくせい》。
講演会《こうえんかい》などで活躍《かつやく》している

その日は、うららかな気持《きも》ちのいい陽光《ようこう》がふり注《そそ》いでいた。

――明日の午後には町にもどらないと、日本に帰る飛行機《ひこうき》に間に合わないな。

タクヤはぼんやりとそう思っていた。この日釣《つ》れなければ、アフリカまでやってきた努力《どりょく》は水の泡《あわ》になる。けれどタクヤには、なぜかあせりはなかった。

連日《れんじつ》タクヤは、川幅《かわはば》百メートル以上《いじょう》はあるコンゴ川に、使《つか》い古したモーターつきのカヌーを浮《う》かべて、ムベンガを追《お》いかけていた。

ムベンガはピラルクーのように空気呼吸《こきゅう》する魚ではないから、水面《すいめん》に上がってくることはない。広大なコンゴ川のどのへんに棲《す》んでいるのかもわからない。一日中釣《つ》り糸をたれていても、ムベンガがエサに食いつく「アタリ」があるのは一度《ど》か二度《ど》しかない。昔《むかし》この魚を釣《つ》り上げたヨーロッパ人は、「十回のアタリで一回釣《つ》り上げられれば上出来」という言葉《ことば》を残《のこ》していた。

そんなむずかしい魚なので、さすがのタクヤも、その気持《きも》ちを読むのに時間がかかった。

「にごったこの川で、ムベンガはエサさがしに苦労《くろう》しているのではないか」

タクヤはそう考えた。ならばムベンガが見つけやすいように、大きなエサを使《つか》ってみよう。生きている大きなナマズを針《はり》につけて泳《およ》がせたら、ムベンガも気づいて食いついてくるはずだ。

ところがアフリカでは、このナマズを集《あつ》めるのが大変《たいへん》だった。これまでたずねたところならば、仲《なか》よくなった地元の友人たちにたのむと、すぐにつかまえてきてくれた。ところがアフリカではそうはいかない。タクヤの前に立ちはだかったのは、アフリカの生活そのものだった。

タクヤは村の漁師《りょうし》を集《あつ》めて、こうお願《ねが》いした。

「三十センチから五十センチの、でかくて生きているナマズがいたら、全部《ぜんぶ》買います。持《も》ってきてください」

すると漁師《りょうし》たちは、こう言った。

「生かして持《も》ってこようにも、バケツがない」

――漁師《りょうし》がバケツを持《も》っていないなんて……。

おどろいたタクヤは、「バケツを買うお金をはらうから」と言った。それでも彼《かれ》らは首をふるばかり。なぜなら、村にはバケツが売っていないというのだ。

仕方《しかた》なくタクヤは、「水がためられるような入れ物《もの》は全部《ぜんぶ》買《か》い取《と》ります」と宣言《せんげん》して、村人たちから洗面器《せんめんき》やタライを集《あつ》めた。それを漁師《りょうし》たちに配《くば》り、やっとのことで、エサとなる大きなナマズを確保《かくほ》することができた。

さらに村中を回って投網《とあみ》をさがして買い取《と》り、林で竹を切って輪《わ》を作り、直径《ちょっけい》一・二メートルほどの特大《とくだい》の手網《てあみ》を即席《そくせき》で作った。巨大《きょだい》なムベンガを釣《つ》りざおだけでカヌーまで引き上げるのは無理《むり》なので、近くまで引きよせたら、この網《あみ》ですくい取《と》ろうという作戦《さくせん》だ。

アフリカには本当に物《もの》がない。日本のようにお金を出せば何でも買えるというわけにはいかないから、怪魚《かいぎょ》を釣《つ》ること以上《いじょう》に、釣《つ》りができる環境《かんきょう》を作ること自体がむずかしい。

それでもタクヤはあきらめなかった。一つ一つ苦心《くしん》しながら工夫《くふう》を重《かさ》ね、できるかぎりの準備《じゅんび》をして、約《やく》二カ月の間、ムベンガをねらい続《つづ》けた。

そして、ついにむかえたこの旅《たび》の最《さい》終日《しゅうび》──。午後になってタクヤはしばしウトウトした。できることはやり切ったし、身体《からだ》でもあらおうと立ち上がった瞬間《しゅんかん》、突然《とつぜん》リールが逆回転《ぎゃくかいてん》し、釣《つ》り糸がものすごいいきおいで下流《かりゅう》に向《む》かって引き出され始《はじ》めた。

ジャーッ、ジッ、ジッ、ジャーッ。釣《つ》り糸は不規則《ふきそく》なリズムをきざむ。不《ぶ》気味《きみ》な引き方だった。

──来た！　ムベンガだ!!

タクヤはすぐにそう直感《ちょっかん》した。ギリギリの段階《だんかい》になって、突然《とつぜん》「幻獣《げんじゅう》」はタクヤの前にあらわれたんだ。

タクヤが考案《こうあん》した両《りょう》サイドに重心《じゅうしん》を配分《はいぶん》した仕掛《しか》け

「うごぁあああ!!　止まれぇぇぇ!!」

釣《つ》りざおをにぎりしめたタクヤがさけんだ。

すでにリールからは七十五メートルもの釣《つ》り糸が出ている。リールの釣《つ》り糸は百メートルだから、残《のこ》りは二十五メートルしかない。これ以上《いじょう》、下流《かりゅう》に逃《に》げられたら、釣《つ》り糸が切れるか、釣《つ》りざおを持《も》っていかれるか、どちらかだ。

タクヤは現地《げんち》のアシスタントで、カヌーの操縦《そうじゅう》を担当《たんとう》するジョメリに「カヌーのロープを岩からほどいてくれ！」と指示《しじ》を出した。ムベンガと共《とも》にカヌーで流《なが》れを下ろうという作戦《さくせん》だ。

やがて釣《つ》り糸の残《のこ》りがあと十メートルになったとき、タクヤはリールの回転《かいてん》を固《こ》定《てい》しようとした。それ以上《いじょう》釣《つ》り糸が引き出されないように親指《おやゆび》でおさえつけながら、ムベンガとの力くらべになった。

「うごぁあああぁぁ!!」

全身《ぜんしん》の力をこめてムベンガを引きよせる。親指《おやゆび》の腹《はら》は、まさつ熱《ねつ》でやけどをしそうだ。それでもタクヤは親指《おやゆび》の力をゆるめなかった。

そのときムベンガが方向転換《ほうこうてんかん》して、上流《じょうりゅう》のカヌーに向《む》かって突進《とっしん》してきた。タクヤは急《いそ》いで釣《つ》り糸をまき取《と》りながら、ムベンガを浮《う》き上がらせるように仕向《しむ》けた。

——もうやつはカヌーの下まで来ている。勝負《しょうぶ》はそう長引かない。

そう直感《ちょっかん》したタクヤは、ジョメリに手網《てあみ》の用意《ようい》をさせた。

やがてカヌーの近くで水面《すいめん》にすがたをあらわしたムベンガを見て、タクヤは腰《こし》をぬかしそうになった。

「で、でかい！　でかいとはわかっていたけれど、でか過《す》ぎる!!」

まさに怪物《かいぶつ》だった。カヌーに近づいてきた「そいつ」は、巨体《きょたい》に黄金色のウロコをギラリと光らせ、大きく開《あ》けた口からは何本ものするどい牙《きば》のような歯《は》が見えた。あの歯《は》でかまれたら、腕《うで》でも足でも引きちぎられてしまうだろう。太くて強靭《きょうじん》な尾《お》びれでたたかれたら、カヌーから川に落《お》ちてしまうにちがいない。

五分、七分、十分、ムベンガとタクヤ、ジョメリの死闘《しとう》は続《つづ》く。さすがに怪魚《かいぎょ》も長い時間の力くらべにつかれたのか、おとなしくなった。そのすきをついて、ジョ

親指《おやゆび》の腹《はら》でリールの糸まき部分《ぶぶん》の回転《かいてん》をおさえつける

ジョメリがムベンガに手網《てあみ》をかける

「ヨッシャー!!」

メリが手網《てあみ》を魚の頭からかけた。二人がかりでカヌーに引き上げる。もし、手網《てあみ》を作っていなかったら、この怪魚《かいぎょ》には逃《に》げられていたはずだ。

ついに怪魚《かいぎょ》は精根《せいこん》つき果《は》てたのか、手網《てあみ》の中でおとなしくなった。手網《てあみ》から出し、かかえ上げるとずしりと重《おも》い。ジョメリは「人間より重《おも》い！」とさけんでいる。

「ぐうぉぉぉぉぉぉ!!　やったぁぁぁぁ!!」

タクヤはおたけびを上げながら、ジョメリとハイタッチ。大きさをはかると、ムベンガの体長は百四十二センチあった。

実《じつ》は、タクヤの周囲《しゅうい》には、「ムベンガを釣《つ》るなんて無理《むり》だよ」と言う人が何人もいた。自分自身《じしん》でも「ムベンガは無理《むり》かな」と思うときもあった。

けれど約《やく》二カ月にわたる闘《たたか》いの末《すえ》に、タクヤはムベンガを釣《つ》り上げることができたんだ。

「あきらめないでよかった」

それがすべてが終《お》わったあとの、タクヤのつぶやきだった。

釣《つ》り上げたあと、いつも通り、ムベンガを生きたまま川にもどそうとした。けれど、ジョメリや現地《げんち》の人たちは、「ムベンガを逃《に》がす？　とんでもない。みんなで食べよう」と言ってきた。

タクヤも気持《きも》ちを切りかえて、こう考えた。

——みんなが食べたいと言うのだから、村人たちへの恩返《おんがえ》しとして、パーティーを開《ひら》いていっしょに食べようか。

こうしてムベンガの肉は、みんなの笑顔《えがお》になったんだ。

魚の命《いのち》は大切だけれど、現地《げんち》の人の協力《きょうりょく》がなければタクヤは釣《つ》りが続《つづ》けられない。まずしい生活を送《おく》っている現地《げんち》の人にとっては、魚は大切なタンパク源《げん》だ。タクヤはこのときばかりは、自分のルールよりも現地《げんち》の人たちの気持《きも》ちを優先《ゆうせん》させて、いっしょにムベンガを食べることにした。

その怪魚《かいぎょ》の頭部《とうぶ》は剥製《はくせい》となって、いまもタクヤと共《とも》にいる。わすれられないナンバー１《ワン》怪魚《かいぎょ》の記憶《きおく》として——。

「怪獣《かいじゅう》」の重《おも》みを感《かん》じるタクヤ

ジョメリとムベンガを交互《こうご》にかかえ、「ムベンガのほうが重《おも》い」とさわぐ通訳《つうやく》のクライ

珍魚中《ちんぎょちゅう》の珍魚《ちんぎょ》「ディンディ」

タクヤにはもう一匹《ぴき》、二十代《だい》の最後《さいご》をかざる怪魚《かいぎょ》との出会いがあった。四回目のパプアニューギニアの旅《たび》で出会った、飛行機《ひこうき》のようなすがたをした怪魚《かいぎょ》「ディンディ」（ノコギリエイ）だ。

初《はじ》めてパプアニューギニアをおとずれた十九歳《さい》のときのことだった。「でかい魚はいないの？」と聞いたタクヤに、現地《げんち》の人が絵を描《か》いてくれた。

――えっ、ヒゲの生えた飛行機《ひこうき》？

それが最初《さいしょ》の印象《いんしょう》だった。でかいうえに、めったにない容姿《ようし》。珍魚中《ちんぎょちゅう》の珍魚《ちんぎょ》だと思った。

それ以降《いこう》も大好《だいす》きなパプアニューギニアに足を運《はこ》び、いつかこの魚を釣《つ》ってみたいと意識《いしき》していた。ほかの魚を釣《つ》りながらも、この魚のことをわすれたことはない。どこに棲《す》んでいるのか、どんな生態《せいたい》なのか、どんな釣《つ》り方がいいのか、どの季節《きせつ》が釣《つ》りやすいのか、さまざまなことを調《しら》べながら、タクヤは一歩一歩この怪魚《かいぎょ》に近づいていく。

そしてついに二〇一二年の三月、二十六歳《さい》のときに、この怪魚《かいぎょ》を釣《つ》り上げることができた。

しかもこのときはルアーだった。釣《つ》り針《ばり》にかかったディンディを引きよせ、持《も》っていた手ぬぐいをチェーンソーのような吻《ふん》とよばれる部分《ぶぶん》にからませて動《うご》きをふうじ、しっぽをつかんでおそるおそる引き上げた。

「ディンディはものすごくあばれて、まるでチェーンソーをふり回しているようなものでした。あれが刺《さ》さったら、命《いのち》を落《お》とすこともあると思います」

そう語るタクヤは、当時の興奮《こうふん》がよみがえったかのようだ。

体長は百六十センチ程度《ていど》。大きく成長《せいちょう》すると七メートルにはなるというから、釣《つ》れたのは、まだ子どもと言ってもいい。

ディンディの存在《そんざい》を知ってから約《やく》七年、小型《こがた》とはいえ、タクヤはこの怪魚《かいぎょ》を釣《つ》り上げることに成功《せいこう》したんだ。

そのときのタクヤは、喜《よろこ》びのあまり、全身《ぜんしん》の力がぬける思いだった。

おとなしくなったディンディを持《も》ち上げる

「いつの日にか」と想《おも》い続《つづ》けたディンディを、タクヤは、ムベンガとピラルクーに次《つ》ぐ「ナンバー3《スリー》怪魚《かいぎょ》」に挙《あ》げている。

裏《うら》から見てもすごい迫力《はくりょく》のディンディ

第《だい》3章《しょう》　世界《せかい》を冒険《ぼうけん》するために必要《ひつよう》なこと

なぜ冒険《ぼうけん》を続《つづ》けるのか？

――なぜ君《きみ》はくり返《かえ》しくり返《かえ》し冒険《ぼうけん》の旅《たび》に出るの？

　タクヤに聞くと、こんな答えが返《かえ》ってくる。

「旅《たび》に出ると、自分の変化《へんか》がわかるんです。ときには、『あー、日本に帰りたいなあ』と思う。日本は本当にいいところです。でもそれは、旅《たび》に出たからこそ感《かん》じること。『ぼくもどこかに行きたいな』と旅《たび》にあこがれながら日本にとどまっている人には、絶対《ぜったい》にわからない感覚《かんかく》なんです。旅《たび》に出なければ出会えない自分がいる。それも旅《たび》の魅力《みりょく》ですね」

　タクヤが旅《たび》に出るとき、決《き》まっているのは「帰りの飛行機《ひこうき》が出る日」だけだ。あ

とはすべて真《ま》っ白な地図の上に、釣《つ》りたい魚のいそうな川や湖《みずうみ》を見つけて、自分自身《じしん》で色をぬっていく。

何もないけれど、望《のぞ》む「自由《じゆう》」がある場所《ばしょ》——。

そこを目指《めざ》すのが、タクヤにとっての旅《たび》なんだ。

なぜタクヤはそんな旅《たび》を続《つづ》けてこられたのか——。

そこにはこんな秘密《ひみつ》があった。

目の澄《す》んだ人をさがせ

二〇一二年三月、タクヤと共《とも》にパプアニューギニアをたずねた富山《とやま》テレビ放送《ほうそう》のディレクター、小島崇義《こじまたかよし》さんは、タクヤの旅《たび》の秘密《ひみつ》を知っている一人だ。

「タクヤ君《くん》はパプアニューギニアのキルー村に入ると、村の人からは、ひさしぶりに日本から弟が帰ってきたような感《かん》じの歓迎《かんげい》を受《う》けていました。このときはパプアへの六回目の訪問《ほうもん》でしたから、まるで家族《かぞく》のようでした。タクヤ君《くん》の人なつっこい笑顔《えがお》を見て、みんな彼《かれ》を受《う》け入れてしまうんですね。村には電気は来ていないのに、現地《げんち》の人は小型発電機《こがたはつでんき》で充電《じゅうでん》する携帯《けいたい》電話を持《も》っていて、タクヤ君《くん》とはときどき、電話で話しているようでした」

このとき、空港《くうこう》までタクヤたちをむかえにきてくれたのは、タクヤが大学一年生の冬、最初《さいしょ》にこの国をおとずれたときに友達《ともだち》になったワビルたちだった。

ワビルは当時大体四十歳《さい》（その一族《いちぞく》には誕生日《たんじょうび》を覚《おぼ》える習慣《しゅうかん》がないから、正確《せいかく》な年齢《ねんれい》はわからない）。ジャングルに住《す》んでいて決《き》まった仕事《しごと》は持《も》っていない。村ではワニ狩《が》りの名人として有名《ゆうめい》で、「クロコダイル・ブラッド」（ワニの血《ち》）とよばれている。ひいおじいさんの代《だい》までは首狩《くびか》り族《ぞく》だったという一族《いちぞく》の子孫《しそん》だ。

ちなみにパプアニューギニアに住《す》んでいるのは、主《おも》にパプア人とメラネシア人だ。彼《かれ》らは八百もの部族《ぶぞく》に分かれていて、それぞれの村でちがう言語をしゃべっている。魚のよび方も村によってちがう。ジャングルに住《す》んでいる人たちに共通《きょうつう》しているのは、視力《しりょく》が五・〇くらいもあることと、ワニ狩《が》りが上手なこと、自給自《じきゅう》足していることなどだ。

富山《とやま》テレビ放送《ほうそう》のロビーで、小島崇義《こじまたかよし》さんと番組の打《う》ち合わせをするタクヤ

パプアニューギニアの大切な友人、ワビル

こんな奥地《おくち》にまで携帯電話《けいたい》が普及《ふきゅう》しているのは、オーストラリアの会社が鉱山《こうざん》開発《かいはつ》のために入ってきて、携帯電話用《けいたい》のアンテナを立てたからだという。現地《げんち》の人がタクヤに電話をかけるときは、よび出し音を一度《ど》鳴らしたら切る。それを聞いたタクヤは、折《お》り返《かえ》し電話をする約束《やくそく》になっている。そうしないと現地《げんち》の人にとっては、電話代《だい》が高くかかりすぎるからだ。

パプアニューギニアのジャングルの奥地《おくち》に、電話をかけられる友人がいるって、すごいことだ。現地《げんち》にこういう友人がいることが、タクヤが怪魚《かいぎょ》を次々《つぎつぎ》と釣《つ》り上げられる秘密《ひみつ》の一つだと、小島《こじま》さんは言う。

どこの国をたずねても、タクヤは「友達《ともだち》作り作戦《さくせん》」から始《はじ》める。まず、たどり着《つ》いた町の川や湖《みずうみ》の水辺《みずべ》を歩いてみる。もちろん釣《つ》りのための下見という意味《いみ》もあるけれど、そういうところには、たいてい定職《ていしょく》を持《も》っていない（ように見える）「ヒマそうにしているオジサン」がいるものだ。そういう人に声をかけたり、ジェスチャー（身体《からだ》の動《うご》き）を交えて話しかけたりして、「ここには、どんな魚がいるの？」と聞いてみる。それがタクヤの「友達作り《ともだちづく》」のスタートだ。

そのとき大切なのは、「この人が信頼《しんらい》できるかどうか」を見分けることだ。

タクヤの見分け方はこうだ。

「ぼくは目の澄《す》んだ人をさがします。黒目よりもむしろ白目がキレイな人。目が澄《す》んでいる人は、たいてい信頼《しんらい》できるいい人です」

世界中《せかいじゅう》を旅《たび》してきたタクヤだからこそ、経験的《けいけんてき》に人を見分ける力がそなわったのだろう。

タクヤは、旅先《たびさき》で「友達作り《ともだちづく》」から始《はじ》める理由《りゆう》をこう語る。

「ぼくは、最初《さいしょ》からお金をはらって釣《つ》り専門《せんもん》のガイドをたのむよりも、現地《げんち》の人と仲《なか》よくなって、その人に協力《きょうりょく》してもらいながら魚を釣《つ》ることが多いんです。現地《げんち》の人の応援《おうえん》がないと、怪魚《かいぎょ》はなかなか釣《つ》れません。だから現地《げんち》の人といかに友達《ともだち》になるか、いかに協力《きょうりょく》してもらうかを、いつも考えている。そうやって魚を釣《つ》ったほうが楽しいし、思い出に残《のこ》ると思うんです」

お金を出してお客《きゃく》さんとして接《せっ》してもらうよりも、現地《げんち》の人と仲《なか》よくなって、

「友達《ともだち》」として現地《げんち》の情報《じょうほう》を教えてもらいながら怪魚《かいぎょ》を釣《つ》りたい――それがタクヤの理想《りそう》なんだ。

その作戦《さくせん》を実行《じっこう》するために、タクヤのバッグにはいつも「おもちゃ」がつまっている。村に入ったらまずはおもちゃを取《と》り出して、子どもたちと遊《あそ》んで仲《なか》よくなる。よく持《も》っていくのは、サイリウム（ポキッと折《お》ると光るスティック）、紙風船、そして五円玉。世界的《せかいてき》に、真《ま》ん中にあながあいている硬貨《こうか》はめずらしいから、だれからも喜《よろこ》ばれる。子どもにあげても、たいてい次《つぎ》の日には、お母さんの首かざりになっている。タクヤは言う。

「五円玉は裏側《うらがわ》に稲穂《いなほ》が描《か》いてあるので、それを見せながら『ジャパニーズ・ライス』なんて言うと、話のタネにもなるんですよ。子どもと遊《あそ》べば、お母さんとも仲《なか》よくなれます。お母さんと仲《なか》よくなれば、だんなさんに『タクヤのために魚がとれる場《ば》所《しょ》まで案内《あんない》してあげて』なんて言ってもらえます。『もう一週間、タクヤの釣《つ》りにつき合ってあげれば』と奥《おく》さんが言ってくれたら、男たちも喜《よろこ》んで案内《あんない》してくれますから」

パプアニューギニアのお母さんたちと仲《なか》よくなるために、タクヤは、日本の一〇〇円ショップで扇子《せんす》を買って持《も》っていったこともある。都市部以外《としぶいがい》クーラーのないパプアニューギニアでは、扇子《せんす》はとても便利《べんり》で喜《よろこ》ばれた。

でも、何よりも現地《げんち》の人たちが喜《よろこ》んでくれたのは、最初《さいしょ》にたずねたときに子どもたちの写真《しゃしん》を撮《と》り、二度目《どど》の訪問《ほうもん》のときにそれをプリントして持《も》っていってあげたことだ。パプアニューギニアのジャングル地域《ちいき》ではカメラやビデオは普及《ふきゅう》していないから、写真《しゃしん》や映像《えいぞう》の記録《きろく》を残《のこ》すことができない。だから子どもたちの写真《しゃしん》は、親たちにとても喜《よろこ》ばれた。それ以降《いこう》、タクヤは、毎回子どもたちの写真《しゃしん》を撮《と》って、その成長記録《せいちょうきろく》を村に残《のこ》すようにしている。

そういうことが積《つ》み重《かさ》なって、キルー村の人にとってタクヤは、遠い日本に住《す》む「家族《かぞく》」のような存在《そんざい》になったのだ。

現地《げんち》の人と仲《なか》よくなったら、タクヤは、日本から持《も》ってきた高価《こうか》なカメラを「好《す》きなように撮《と》っていいよ」と言ってあずけてしまう。カメラは貴重品《きちょうひん》だから、「ド

タクヤがお世話《せわ》になっているジョージ家のレンぼうや

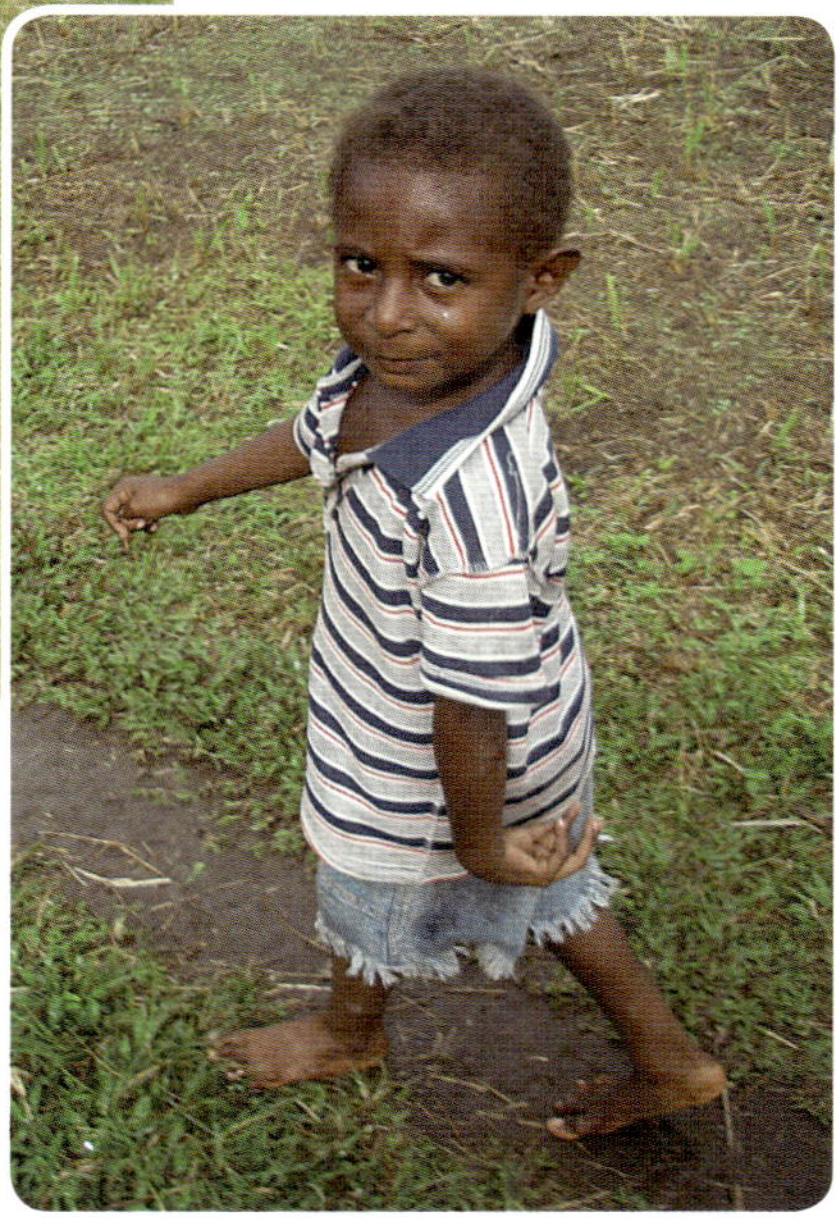

２年後のレンぼうや

ンタッチ（さわるな）」と言って、カバンに入れてカギをかけて現地《げんち》の人にはさわらせないようにする外国人が多い中で、これはめずらしいことだ。

　カメラをあずける理由《りゆう》を、タクヤはこう語る。

「釣《つ》りが始《はじ》まったら自分で自分のことは撮《と》れないし、怪魚《かいぎょ》を釣《つ》ったら、だれかに写《しゃ》真《しん》を撮《と》ってもらいたいでしょう。でも、いい写真《しゃしん》が撮《と》れるまでに何回もシャッターを切っていたら魚が弱ってしまうから、写真《しゃしん》を撮《と》るのは時間との勝負《しょうぶ》です。だから現地《げんち》の友人たちに手早くいい写真《しゃしん》を撮《と》ってもらうために、魚が釣《つ》れるまでの間にカメラの使《つか》い方を覚《おぼ》えてもらうんです」

　ワビルたちにしてみると、カメラを自由《じゆう》にさわらせてくれる外国人はタクヤ以外《いがい》にはいない。貴重品《きちょうひん》であるカメラをあずけられるということは信頼《しんらい》されている証《しょう》拠《こ》だから、ワビルたちもいい写真《しゃしん》を撮《と》ろうと一生懸命《けんめい》になる。だからこの本にのっているタクヤのカッコいい写真《しゃしん》の多くは、パプアニューギニアでも、それ以外《いがい》の国でも、現地《げんち》の人たちが撮《と》ったもの。彼《かれ》らとの信頼《しんらい》のあかし、友情《ゆうじょう》の記念《きねん》でもあるんだ。

そうやって、写真《しゃしん》に記録《きろく》するところまでが現地《げんち》の人との共同作業《きょうどうさぎょう》だから、怪魚《かいぎょ》が釣《つ》れたら、それはタクヤだけの喜《よろこ》びではなく、現地《げんち》の人の喜《よろこ》びにもなる。そういう味方《みかた》がいるからこそ、タクヤは世界中《せかいじゅう》の秘境《ひきょう》で怪魚《かいぎょ》を釣《つ》ることができるんだ。冒険《ぼうけん》を成功《せいこう》させるためには、まず現地《げんち》の人と「友達《ともだち》」になること。タクヤの喜《よろこ》びを、自分の喜《よろこ》びとして感《かん》じてもらうこと。そういう人間関係《かんけい》を作ることが、怪魚《かいぎょ》ハンター・タクヤの冒険《ぼうけん》の秘訣《ひけつ》なんだ。

現地《げんち》の人と同じ物《もの》を食べ、同じ物《もの》を飲《の》む

もう一つ、冒険《ぼうけん》をするときに大切なことがある。それは、食べ物《もの》と飲《の》み物《もの》だ。ジャングルに入ると、日本のように衛生的《えいせいてき》な食べ物《もの》や飲《の》み物《もの》はない。ペットボトル飲料《いんりょう》はないし、何でも売っているコンビニがあるわけじゃない。日本の食べ物《もの》をそんなにたくさんは持《も》っていけないから、食べ物《もの》も飲《の》み物《もの》も現地《げんち》で調達《ちょうたつ》しなければならない。

そのとき、わすれてはならないのは、現地《げんち》の人たちの視線《しせん》だ。

彼《かれ》らは、やってきた冒険家《ぼうけんか》が食べたり飲《の》んだりするところをよーく見ている。そこで何を食べ何を飲《の》むかで、あとの待遇《たいぐう》が変《か》わってくる。もちろん現地《げんち》の人と同じ物《もの》を食べたり飲《の》んだりする人のほうが信頼《しんらい》してもらえるわけだ。

たとえばタクヤはアフリカでは湖《みずうみ》の水を飲《の》み、イモ虫も食べた。

世界中《せかいじゅう》どこに行っても、現地《げんち》には現地《げんち》ならではの食文化《しょくぶんか》がある。日本人からしたら「ゲテモノ」と思えるような食材《しょくざい》でも、現地《げんち》の人にしたら、ごちそうだということも多々ある。どんな物《もの》でも、まずは食べてみなければ本当のおいしさはわからない。

何を出されてもタクヤは「うまい、うまい」と言いながらたくさん食べるから、いつの間にか人気者《にんきもの》になっていることが多かった。

世界中《せかいじゅう》どこに行っても、現地《げんち》の人と同じ物《もの》を食べ、同じ物《もの》を飲《の》むこと――決《けっ》して簡単《かんたん》なことではないけれど、それも冒険家《ぼうけんか》の条件《じょうけん》だとタクヤは考えている。

その一方でタクヤは、即席《そくせき》みそ汁《しる》やお茶パック、乾燥《かんそう》わかめといった「日本の

パプアニューギニアでは、ドラム缶《かん》を縦《たて》にわったものが「いろり」になる。火力の弱い両《りょう》はしに野生動物《どうぶつ》の肉を置《お》くと、自然《しぜん》と燻製《くんせい》になる

通称《つうしょう》「山賊《さんぞく》ナイフ」は調理《ちょうり》でも活躍《かつやく》

魚の身《み》を切り取《と》ってサゴヤシの
でんぷんでまぶし、むし焼《や》きにする

味《あじ》」もわすれずに持《も》っていく。こういう物《もの》はかさばらないし、ジャングルでお湯《ゆ》をわかして注《そそ》げば、なつかしい日本の味《あじ》が味《あじ》わえる。わかめは水をかけただけでふえていくから現地《げんち》の人はおどろくし、プレゼントしても喜《よろこ》ばれる。そういう「食べ物《もの》のコミュニケーション」も大切なんだ。

言葉《ことば》の壁《かべ》はこう乗《の》りこえよう

海外に出るときに言葉《ことば》の問題《もんだい》は大きい。英語《えいご》が上手にしゃべれないから、海外に行くのは何となく不安《ふあん》だという人は多いはずだ。

世界《せかい》にはどれくらいの言語があるか、知っているかな？

約《やく》六千から七千の言語があるといわれている。中でも使《つか》っている人が多いのは、中国語、英語《えいご》、スペイン語、ヒンディー語などで、主《おも》に日本で約《やく》一億《おく》二千五百万人が使《つか》っている日本語は、九番目くらいの言語といわれている。

タクヤのように世界《せかい》の秘境《ひきょう》を目指《めざ》すときに、そのつど現地《げんち》の言葉《ことば》を調《しら》べて覚《おぼ》えていくことはまず無理《むり》だ。ワビルの住《す》むパプアニューギニアのように、村ごとにちがう言葉《ことば》が使《つか》われていたら、とても覚《おぼ》え切れない。

そこでタクヤは読者《どくしゃ》のみんなに、こんなアドバイスをくれたよ。

「日本でも『ちょっと、それ』とか、ちゃんとした文章《ぶんしょう》でなくても意思《いし》は通じますよね。海外に行っても、『ディス（これ）』と指《ゆび》させば、たいていわかってくれます。あとはジェスチャーを使《つか》ったり、絵を描《か》いて説明《せつめい》すれば、大体の意思《いし》は伝《つた》わります。とは言え、世界中《せかいじゅう》で通じるのはやはり英語《えいご》だから、学校でしっかり勉強《べんきょう》しておいたほうがいいと思います。釣《つ》りが好《す》きな人は、英語《えいご》の釣《つ》りの本を読めば、勉強《べんきょう》もはかどるんじゃないでしょうか」

もう一つ、海外に出るときに、タクヤが実践《じっせん》していることがある。

それは、自分に興味《きょうみ》を持《も》ってもらえるように、「釣《つ》りの写真《しゃしん》を持《も》っていくこと」だ。自分が釣《つ》った怪魚《かいぎょ》のアルバムを相手《あいて》に見せれば、「こいつはすごい釣《つ》り人だな！」と面白《おもしろ》がってもらえる。そうなると、言葉《ことば》は通じなくても、ジェスチャーや感覚《かんかく》で、相手《あいて》の言いたいことがわかってくる。

「この魚はどこで釣《つ》ったんだ？　どうやって釣《つ》ったんだ？」と相手《あいて》が聞いてきたので、「アマゾンのジャングルで、二リットルのペットボトルを浮《う》きにして釣《つ》ったんだ」と答えたら、そこから会話が始《はじ》まり、仲《なか》よくなったこともあった。

人間は同じことに興味《きょうみ》を持《も》つと、不思議《ふしぎ》と言葉《ことば》をこえたコミュニケーションが取《と》れるようになるものなんだ。同じスポーツが好《す》きだと、友達《ともだち》になるのも早いだろう？　タクヤは魚の写真《しゃしん》を持《も》っていくけれど、車が好《す》きな人は日本車の写真《しゃしん》でもいい、野球《やきゅう》が好《す》きな人は日本の野球選手《やきゅうせんしゅ》の写真《しゃしん》でもいい。

相手《あいて》の興味《きょうみ》を引いて、「もっと知りたい」と思わせること――それが世界《せかい》に出たときに、言葉《ことば》の壁《かべ》を乗りこえる秘訣《ひけつ》となる。

荷物《にもつ》が大きくなると、好奇心《こうきしん》がなえる

加《くわ》えてもう一つ。旅《たび》に持《も》っていく荷物《にもつ》についても秘訣《ひけつ》がある。

長い旅《たび》に出る前になると、どうしても「あれもこれも」といろいろな物《もの》をバッグ

につめたくなる。けれど、荷物《にもつ》が大きくなり重《おも》くなると、旅《たび》はうまくいかないものなんだ。なぜなら荷物《にもつ》がふえると移動《いどう》するだけでつかれてしまい、好奇心《こうきしん》がなえてくるからだ。

旅先《たびさき》で、「この町のはずれに夕陽《ゆうひ》の美《うつく》しい海岸線《かいがんせん》があるよ。歩いて一時間くらいかな」と言われたときのことを考えてみよう。

荷物《にもつ》が重《おも》いと、「一時間も歩けるかな」と行く気がなくなってしまうだろう？　美《うつく》しい風景《ふうけい》を見たいという気持《きも》ちがなえてしまって、旅《たび》がつまらなくなってしまう。そうなったら、何のために旅《たび》に出たのかわからない。

荷物《にもつ》が軽《かる》ければ、「少しくらい歩いたっていい。一時間くらい平気《へいき》だ」と、前向《まえむ》きに考えられる。

このちがいは、とても大きいんだ。

タクヤも東南アジアへ最初《さいしょ》の冒険《ぼうけん》の旅《たび》に出たときは、子どもがすっぽり入る七十リットルの大きなザックに、二十五キロもの荷物《にもつ》をつめてかついでいった。必要《ひつよう》だと思われるものを、たくさんつめてしまったんだ。

でも、それでは旅《たび》が面白《おもしろ》くならないと気づいたから、次《つぎ》の旅《たび》からは、だんだんと荷物《にもつ》を軽《かる》くしていった。

いまではアマゾンに三カ月の旅《たび》に出るというときでも、ランドセル二個《こ》分くらいの三十リットルのザック一つで十分だ。

釣《つ》りざおも、最初《さいしょ》のころは二メートルもある長い物《もの》を持《も》っていった。たしかに大きな魚を釣《つ》り上げるのには必要《ひつよう》だったけれど、持《も》ち運《はこ》びには不便《ふべん》だった。だから最近《さいきん》では、タクヤは自分で六つに分割《ぶんかつ》できる釣《つ》りざおを作って持《も》っていくようにしている。短《みじか》ければザックにも入るし、じゃまにもならない。小学生のときにルアーを作ったように、手先の器用《きよう》さで必要《ひつよう》なものを作り出すのも、タクヤの得《とく》意技《いわざ》なんだ。

着《き》る物《もの》として持《も》っていくのは、T《ティー》シャツ数枚《まい》、トランクス一枚《まい》、短《たん》パン一枚《まい》、保《ほ》温力《おんりょく》の高い薄手《うすで》のダウンジャケット一枚《まい》、雨具《あまぐ》一式《しき》、手ぬぐい二枚《まい》、靴下《くつした》一足にサンダル。さらに、だれかの家によばれたときや少しえらい人に会うときのために、えりがついた長そでのシャツと長ズボンも一セット、といった具合《ぐあい》だ。

暑《あつ》いジャングルに行くのにダウンジャケットを持《も》っていくのは、暑《あつ》い土地ほど飛《ひ》行機《こうき》やバス、空港《くうこう》の中は冷房《れいぼう》がききすぎていて、体調《たいちょう》をこわすことが多いからだ。長そでの服《ふく》と長ズボンは、蚊《か》の多い場所《ばしょ》で寝《ね》るときにも必要《ひつよう》だ。

T《ティー》シャツは、釣《つ》りざおやリールにまけばクッション材《ざい》にもなる。

手ぬぐいは、バンダナとして頭にまいてもいいし、お風呂《ふろ》やシャワーではタオル兼《けん》ボディタオルにもなる。毒《どく》を持《も》っている淡水《たんすい》エイや虫に刺《さ》されたときは止血圧迫《しけつあっぱく》用《よう》の包帯《ほうたい》にもなるし、固定用《こていよう》の三角巾《さんかくきん》にもなる。タクヤは剣道部《けんどうぶ》だったから、手ぬぐいは使いなれているし、いろいろと使《つか》い道があって便利《べんり》だ。

それにしても、足元はサンダルでいいんだろうか？　もっと丈夫《じょうぶ》な靴《くつ》をはいていったほうが安全《あんぜん》なんじゃないか？

その質問《しつもん》に、タクヤはこう答えた。

「ジャングルに入ったら毒蛇《どくへび》がいたりしますから、サンダルでは危険《きけん》です。高い山に登《のぼ》ったり谷を下りたりするのなら、登山靴《とざんぐつ》のほうがいいでしょう。でもぼくは、釣《つ》りをするのがメインですから、サンダルではあぶないと思う深《ふか》いやぶには入らな

最初《さいしょ》に作った、パーツごとに分けると90センチになる釣《つ》りざおは竹刀《しない》袋《ぶくろ》にも入る

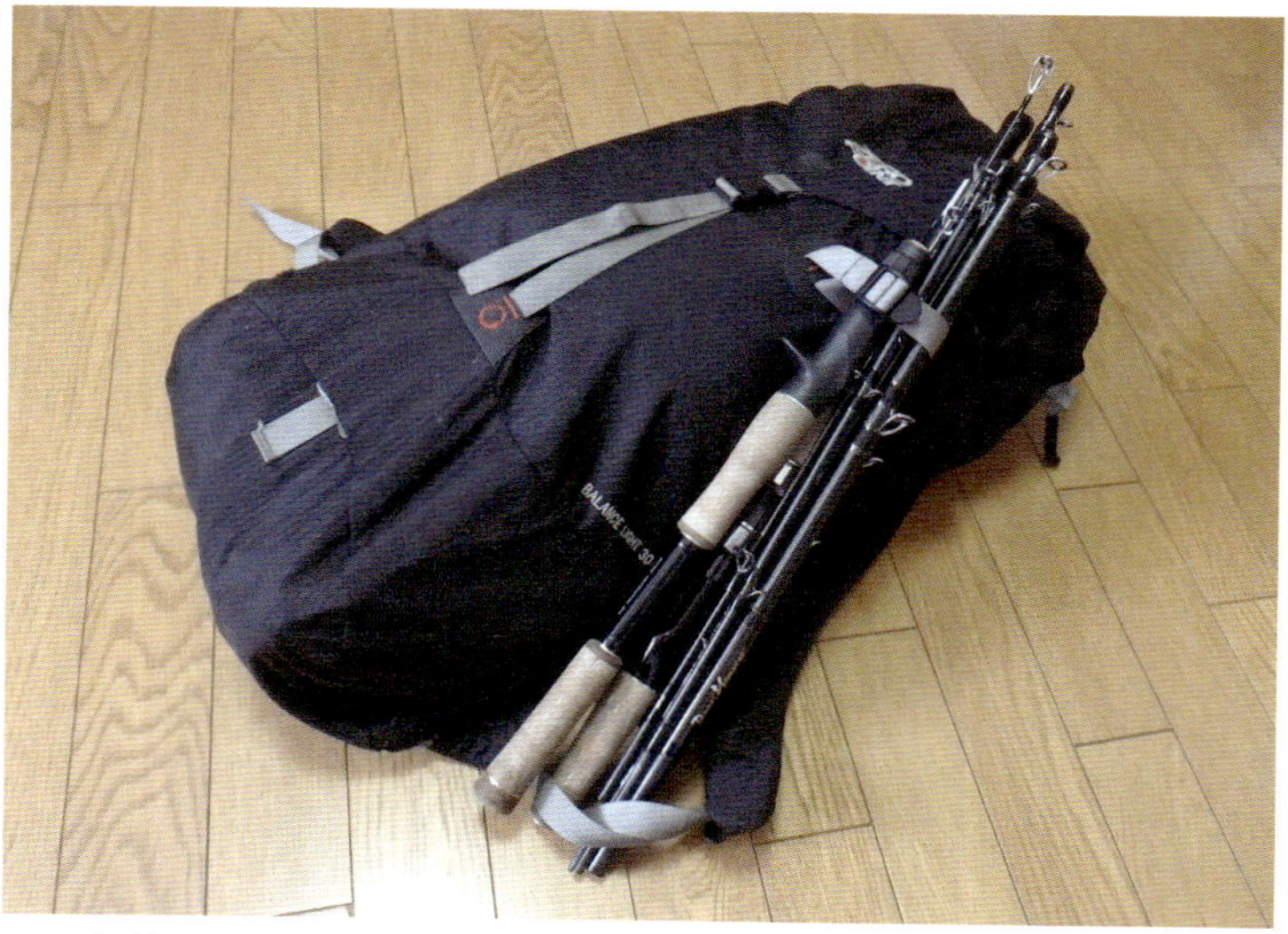

タクヤ愛用《あいよう》のザックとパーツが50センチになる最新型《さいしんがた》の釣《つ》りざお。冒険《ぼうけん》のたびに進化《しんか》

い。高い山にも登《のぼ》らない。装備《そうび》や道具《どうぐ》を過信《かしん》しないで、『普通《ふつう》のかっこうで無理《むり》をしない』ことを心がけています」

必要以上《ひつよういじょう》の物《もの》は持《も》っていかない、荷物《にもつ》はなるべく小さく軽《かる》くする。それが冒険《ぼうけん》を成功《せいこう》させるコツなんだ。

冒険家《ぼうけんか》は「臆病《おくびょう》」が一番

もう一つ冒険家《ぼうけんか》にとって大切なことがある。

それは、「臆病《おくびょう》」であることだ。タクヤはよく「ぼくは危険《きけん》な冒険《ぼうけん》をしているつもりはありません。臆病《おくびょう》ですから、無茶《むちゃ》な旅《たび》はしないし、できない性格《せいかく》なんです」と言っている。

世界《せかい》の秘境《ひきょう》をたずね歩いて、ジャングルで現地《げんち》の人といっしょに生活して、体長二メートルもある怪魚《かいぎょ》を釣《つ》り上げておいて、どこが「臆病《おくびょう》」なんだ?――と思うけれど、たしかにタクヤの行動《こうどう》を見ていくと、臆病《おくびょう》ゆえの準備《じゅんび》がしっかりとされていることに気づく。

すでに書いたように、東南アジアへ行く前には、タクヤは大学の仲間《なかま》と一週間の無人島《むじんとう》サバイバル生活を試《こころ》みている。水だけ持《も》っていって、あとは魚を釣《つ》ったり、貝をとったりして、どうやれば生きのびられるか試《ため》そうとしたんだ。

その島《しま》からもどった翌日《よくじつ》には、今度《こんど》は大学のある仙台《せんだい》から新潟《にいがた》まで、「ヒッチハイクの旅《たび》」にも出ている。約《やく》二百二十キロの道のりを、合計九台の車に乗《の》せてもらい、度胸《どきょう》をつけた。これもまた、旅先《たびさき》でこまったときに、ヒッチハイクができるように練習《れんしゅう》したんだ。

さらに新潟《にいがた》から高岡《たかおか》の実家《じっか》まで、「二十五キロの荷物《にもつ》を背負《せお》って二十四時間で何キロ歩けるか」という実験《じっけん》もした。夜の日本海ぞいの国道を、大きなザックを背《せ》負《お》ってひたすら歩き続《つづ》ける。

このとき出た答えは、「一日五十五キロなら歩ける」というものだった。

なぜこんな実験《じっけん》をしたかというと、海外でお金を使《つか》い果《は》たしたとき、あるいは持《も》ち物《もの》がぬすまれたとき、帰りの飛行機《ひこうき》に乗《の》りおくれないためには、何日あれば空港《くうこう》まで歩き通すことができるかをたしかめたかったんだ。一日五十五キロ歩けるということは、「帰りの飛行機《ひこうき》が出るまでに一週間あったら、空港《くうこう》から三百キロ以内《いない》にいればまちがいなく飛行機《ひこうき》に乗《の》れる」ということ。それがわかっていれば、いざというときにあわてない自信《じしん》にもなる。

このようにタクヤは、冒険《ぼうけん》に出る前に、徹底的《てっていてき》に自分を試《ため》している。万が一お金をとられて無一文《むいちもん》になったときに、何日生きられるか。バスや電車がないときに、ヒッチハイクでどれだけ移動《いどう》できるか。お金がなくてバスや電車に乗《の》れないときに、一日何キロならば歩けるのか。すべては「何があっても元気に日本に帰ってくるために」、「臆病《おくびょう》な自分を勇気《ゆうき》づけるために」行った実験《じっけん》だったんだ。

健康管理《けんこうかんり》に関《かん》しても、タクヤは慎重《しんちょう》な配慮《はいりょ》をわすれない。海外で病気《びょうき》になったら周囲《しゅうい》の人にめいわくをかけるし、時間もお金もムダにする結果《けっか》となる。健康《けんこう》であることも、冒険《ぼうけん》を楽しむ大きな条件《じょうけん》だ。

タクヤは大学時代《じだい》は切りつめた生活をしていたけれど、予防接種《よぼうせっしゅ》にはお金をかけた。ふだんは卵《たまご》一個《こ》買うのを節約《せつやく》しながら、必要《ひつよう》だと思えば、一本一万円もする予防接種《よぼうせっしゅ》を自分から進《すす》んで受《う》けた。

あるいは、過酷《かこく》な旅《たび》の中では体力がだんだんと低下《ていか》していくのはわかっているから、走りこみなどをして基礎《きそ》体力を上げてから旅《たび》に出るようにした。

日本で体調《たいちょう》をくずして体内に病原菌《びょうげんきん》を持《も》ったまま海外に出かけると、抵抗力《ていこうりょく》の弱い赤ちゃんや子どもに病気《びょうき》をうつしてしまうことになりかねない。そんなことにならないように、国内での体調管理《たいちょうかんり》も大切にしている。

こうやってさまざまな準備《じゅんび》をしているからこそ、タクヤは世界中《せかいじゅう》の目指《めざ》す釣《つ》り場までたどり着《つ》き、怪魚《かいぎょ》を釣《つ》って、無事《ぶじ》日本にもどることができている。

つまり、「冒険《ぼうけん》には〝臆病《おくびょう》〟が一番」というのは、準備《じゅんび》の大切さを物語《ものがた》る言葉《ことば》でもあるんだ。

シカ肉を枝《えだ》に刺《さ》して火であぶって食べる。汗《あせ》がしたたるが、蚊《か》にさされてマラリアにならないように、長そでシャツ、長ズボン、靴下《くつした》を着用《ちゃくよう》

自分で決《き》めたルールを守《まも》る

冒険《ぼうけん》を続《つづ》けるためにもう一つ大切なのは、自分で決《き》めたルールを守《まも》ることだ。あまり人には言わないけれど、タクヤには、自分自身《じしん》の大切なルールがある。その一つは、「釣《つ》っても食べきれない魚は逃《に》がしてやる」こと。タクヤは小学生のころから、食べない魚は逃《に》がしてやることに決《き》めていた。外国では、思いがけない事故《じこ》やショックで死《し》んでしまったり、村人にせがまれて食べることにした怪魚《かいぎょ》もいたけれど、基本的《きほんてき》に釣《つ》った魚は生きたまま川や湖《みずうみ》にもどしている。

釣《つ》り針《ばり》にも秘密《ひみつ》がある。普通釣《ふつうつ》り針《ばり》には、魚の口に刺《さ》さるとぬけなくなる「カエシ」とよばれるトゲのようなものがあるけれど、タクヤの使《つか》う釣《つ》り針《ばり》には、ほとんどこれがついていない。

カエシをつけない第《だい》一の理由《りゆう》は、釣《つ》り針《ばり》が万が一、人に刺《さ》さっても、すぐにぬけるようにするためだ。ジャングルの奥地《おくち》には病院《びょういん》がなく、ケガの治療《ちりょう》ができないから、タクヤは用心しているんだ。

第二《だい》の理由《りゆう》は、釣《つ》った魚へのダメージをへらすようにするため。魚を生きて逃《に》がしてやるためには、釣《つ》ったときに大きなケガをさせてはいけないんだ。命《いのち》を持《も》つものとして、魚に敬意《けいい》をしめすためでもある。

タクヤは言う。

「ぼくは大きな魚には、自分を重《かさ》ねて見てしまいます。この魚は自分と同じように臆病《おくびょう》なんだろうな、とか考える。二メートルもあるような魚は、それだけ長生きしていますし、人と同じような気がします。魚であって魚ではないもの、尊《とうと》いもの、そういう気がしているんです」

また、釣《つ》って満足《まんぞく》した種類《しゅるい》の怪魚《かいぎょ》は、二度《ど》とねらわないことにしている。たとえばタイをねらう釣《つ》り人は、少しでも大きなタイを得《え》たいと思って何匹《なんびき》も釣《つ》るものだ。ブラックバスをねらう釣《つ》り人も、自分がいかに大きなブラックバスを釣《つ》ったかを競《きそ》い合うことが多い。けれどタクヤは、そういうことはしない。

世界《せかい》には約《やく》三万種類《しゅるい》もの魚がいるといわれているのだから、同じ魚をねらうよりも、別《べつ》の種類《しゅるい》の魚を釣《つ》ってみたい。人と競《きそ》い合って同じ種類《しゅるい》の魚を何匹《なんびき》も釣《つ》るよ

【草原の牙《きば》】
パイク（モンゴル）

【蒼《あお》き鯉《こい》のぼり】
ブルーマハシール（インド）

【古《こ》代《だい》の鎧《よろい》】
スタージョン（カナダ）

世《せ》界《かい》の怪《かい》魚《ぎょ》ファイル＃1

【北米の豪《ごう》槍《そう》】
アリゲーターガー（アメリカ）

【腕《うで》食う平《ひら》たい顔《かお》族《ぞく》】
フラットヘッドキャットフィッシュ（アメリカ）

【銀《ぎん》鱗《りん》の潜《せん》水《すい》艦《かん》】
ターポン（コスタリカ）

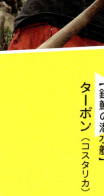

り、さまざまな種類《しゅるい》の魚を追《お》い求《もと》めたほうがワクワクするし、新しいチャレンジになる。

つまりタクヤは、魚に対《たい》してつねに初心者《しょしんしゃ》でいたいんだ。初心者《しょしんしゃ》ならば、魚に対《たい》して謙虚《けんきょ》になれる。

タクヤはこう語る。

「釣《つ》ったあとに逃《に》がすとしても、釣《つ》りは魚を傷《きず》つける行為《こうい》であることはまちがいありません。だからぼくは、自然《しぜん》からの搾取《さくしゅ》（獲物《えもの》を得《え》ること）を最小限《さいしょうげん》におさえて、最大限《さいだいげん》の満足《まんぞく》を得《え》るような釣《つ》りを目指《めざ》しています」

こんなスタイルを目指《めざ》し、試行錯誤《しこうさくご》を重《かさ》ねながら、タクヤは世界中《せかいじゅう》で冒険《ぼうけん》をくり返《かえ》してきた。

次《つぎ》の章《しょう》では、タクヤが思《おも》い描《えが》く冒険《ぼうけん》の未来《みらい》を聞いてみよう。

第《だい》4章《しょう》　怪魚《かいぎょ》ハンターをこえる夢《ゆめ》

　こうしてふり返《かえ》ってみると、二十代《だい》の十年間で、タクヤはねらった怪魚《かいぎょ》のほとんどを釣《つ》り上げることに成功《せいこう》した。ピラルクーやムベンガなど、釣《つ》り人ならだれもがあこがれる怪魚《かいぎょ》を釣《つ》り上げたことで、三十歳をむかえたいま、タクヤの中では、だんだんと怪魚《かいぎょ》に対《たい》する考え方が変《か》わってきたようだ。

　タクヤはその心境《しんきょう》の変化《へんか》をこう語っている。

「旅《たび》を十年もやっていると、怪魚《かいぎょ》が怪魚《かいぎょ》ではなくなってきてしまったんです。ぼくにとって、怪魚《かいぎょ》とは未知《みち》なる怪《あや》しい魚のことを指《さ》していたのに、そういう魚がいなくなってきた。みんながあこがれる怪魚《かいぎょ》の王ピラルクーを釣《つ》って、ムベンガという一つの頂点《ちょうてん》をこえて、自分なりのストーリーで七年間追《お》い求《もと》めたディンディを釣《つ》り上げて……次《つぎ》の目標《もくひょう》がなくなってしまったんです。そうなったとき思い浮《う》かん

世《せ》界《かい》の怪《かい》魚《ぎょ》ファイル＃2

【黄金の矢】アッパッパー（ブラジル）

【銀《しろがね》の豚《ぶた》】イートングーシーダダ（パプアニューギニア）

【紅《くれない》の豚《ぶた》】ピララーラ（ブラジル）

【川底《かわぞこ》のプラネタリウム】
アハイヤー（ブラジル）

【浸水林《しんすいりん》の電撃《でんげき》】
デンキウナギ（ブラジル）

【炎《ほのお》の朱雀《すざく》】
ツクナレフォーゴ（ブラジル）

【アジアの妖刀《ようとう》】
ベリーダ（マレーシア）

【フィッシングエクササイズ】
メコンオオナマズ（タイ）

【天空の神魚《しんぎょ》】
サハール（ネパール）

世《せ》界《かい》の怪《かい》魚《ぎょ》ファイル＃3

【極東《きょくとう》の豹《ひょう》】
ソガリ（韓国《かんこく》）

【蒼天《そうてん》の鬼《おに》】
タイメン（モンゴル）

【古《いにしえ》の牙龍《がりゅう》】
タライロン（ブラジル）

富山《とやま》テレビ放送《ほうそう》の番組『4000メートルを釣《つ》る！』のロケに参加《さんか》した。

この番組は、水深《すいしん》千メートルの富山湾《とやまわん》に釣り糸をたれて深海魚《しんかいぎょ》をねらい、標高《ひょうこう》三千三メートルの立山連峰《たてやまれんぽう》の主峰《しゅほう》、大汝山《おおなんじやま》に続《つづ》く雄山《おやま》に登《のぼ》って、その渓流《けいりゅう》（谷間を流《なが》れる川）で魚を釣《つ》る企画《きかく》だった。深《ふか》さ千メートルと高さ約《やく》三千メートルを合わせると、約《やく》四千メートルもの高低差《こうていさ》になるという意味《いみ》の番組タイトルだ。

水深《すいしん》千メートルの深《ふか》さに釣《つ》り糸をたれるのは困難《こんなん》なことだけれど、タクヤは運《うん》よく富山大学《とやまだいがく》の海洋調査《かいようちょうさ》チームに加《くわ》えてもらうことで、それを実現《じつげん》した。残念《ざんねん》ながら釣《つ》り糸を海底《かいてい》までたらしても、何もかからなかったのだけれど。

一方、雄山《おやま》に登《のぼ》っていどんだのは、「日本で最《もっと》も高い標高《ひょうこう》に棲《す》んでいる魚を釣《つ》ること」だった。

富山県《とやまけん》には黒部川《くろべがわ》という大きな川が流《なが》れている。立山連峰《たてやまれんぽう》から一気に富山湾《とやまわん》に向《む》かって流《なが》れていく急流《きゅうりゅう》だ。

タクヤとテレビクルーの一行は、黒部川《くろべがわ》の源流《げんりゅう》を目指《めざ》して雄山《おやま》を登《のぼ》り始《はじ》めた。

ジャングルならサンダルばきのタクヤも、このときは登山靴《とざんぐつ》をはいた。ザックには、雨具《あまぐ》や防寒具《ぼうかんぐ》などが二十キロもつまっている。登山用《とざんよう》の装備《そうび》をしっかりしないと、岩から落《お》ちたり、遭難《そうなん》する危険性《きけんせい》があるからだ。

途中《とちゅう》、赤木沢《あかぎさわ》という沢《さわ》があった。シャワークライミング（沢登《さわのぼ》り）の聖地《せいち》といわれ、美《うつく》しい滝《たき》がいくつもある。カメラを川底《かわぞこ》にしずめてみると、いるいる、標《ひょう》高《こう》千五百メートルの地点でも、たくさんのイワナが泳《およ》いでいる。

タクヤたちは、「もっと上にもいるんじゃないか？」と山を登《のぼ》っていき、ついに標高《ひょうこう》二千メートルの地点でイワナを釣《つ》り上げた。

「トップ　ウォーター　フィッシュ！」

タクヤの口から思わず英単語《えいたんご》が飛《と》び出した。

富山県《とやまけん》だけでなく、おそらく日本で最《もっと》も標高《ひょうこう》の高いところに棲《す》む魚を、タクヤは釣《つ》り上げたんだ。

この番組に参加《さんか》したあと、タクヤが考えたのは、「世界一《せかいいち》高いところと世界一深《せかいいちふか》いところで魚を釣《つ》ろう」という冒険《ぼうけん》だった。

冬の富山湾《とやまわん》。遠くに見えるのは、雲ではなく立山連峰《たてやまれんぽう》

黒部川源流《くろべがわげんりゅう》を目指《めざ》すロケのときの装備《そうび》

赤木沢《あかぎさわ》を行く。岩をなめるように流《なが》れる「なめ滝《たき》」が続《つづ》く

日本で一番というのもうれしいけれど、次《つぎ》は世界《せかい》で一番をねらいたい。地球上《ちきゅうじょう》で最《もっと》も標高《ひょうこう》の高いエベレスト山脈《さんみゃく》から流《なが》れ出す川で魚をねらったり、海《かい》底深《ていふか》く切れこむ海溝《かいこう》に釣《つ》り糸をたれて、深海魚《しんかいぎょ》をねらってみたい。

調《しら》べてみると、パキスタンを流《なが》れるインダス川の源流《げんりゅう》地点、チベット高原のマーナサローワル湖《こ》が標高約《ひょうこうやく》五千メートルあたりにあって、世界《せかい》で最《もっと》も標高《ひょうこう》の高い湖《みずうみ》だとわかった。

そこまで登《のぼ》ったら、どんな魚がいるのだろう。巨大魚《きょだいぎょ》でなくてもいいから釣《つ》り上げてみたい。

一方、深海《しんかい》では、カリブ海のプエルトリコの北側《がわ》に位置《いち》するプエルトリコ海溝《かいこう》の水深《すいしん》八千三百七十メートル地点で、ヨミノアシロという魚がいることが確認《かくにん》されている。

日本にも、水深《すいしん》九千七百八十メートルという伊豆《いず》・小笠原海溝《おがさわらかいこう》がある。ここまで釣《つ》り糸をたらすことができたら、何が釣《つ》れるのだろう？　新種《しんしゅ》の巨大生物《きょだいせいぶつ》がかかったりするんだろうか？

そのチャレンジは、これまでの「冒険《ぼうけん》」からさらに一歩進《すす》んだ「新しい冒険《ぼうけん》」だと、タクヤは思う。

そのためにタクヤは、すでに深海《しんかい》での釣《つ》りも始《はじ》めている。

北海道沖《ほっかいどうおき》の深海《しんかい》にいどんだときは、二・四メートルもあるニュウドウイカが釣《つ》れた。ダイオウホウズキイカ、ダイオウイカに次《つ》ぐ巨大種《きょだいしゅ》で、最大《さいだい》では七メートルにもなる。水深《すいしん》七百メートルから九百メートルの深海《しんかい》に棲《す》むベニアコウという深海魚《しんかいぎょ》も、いっしょに行った友人が釣《つ》り上げた。それもエサ釣《づ》りではなくジグ（疑似餌《ぎじえ》の一種《しゅ》）で成功《せいこう》したんだ。漁師《りょうし》さんは、ジグで深海《しんかい》にいどむ人はめずらしいと言う。

深海《しんかい》での釣《つ》りに「ジグ」を使《つか》うという新しいテーマを見出したタクヤは、水深《すいしん》四百メートル地点に棲《す》むアブラボウズもジグで釣《つ》り上げた。さらには水深《すいしん》千〜五千メートルに棲《す》むソコボウズをねらい、究極的《きゅうきょくてき》には水深《すいしん》九千メートルの伊豆《いず》・小笠《おがさ》原海溝《わらかいこう》に棲《す》んでいる魚にいどみたい――。

高度《こうど》と深度《しんど》をめぐるタクヤの釣《つ》りの冒険《ぼうけん》も、横移動同様《よこいどうどうよう》、地球規模《ちきゅうきぼ》で広がっているんだ。

世界《せかい》の怪魚《かいぎょ》ファイル＃4

【牙狼《がろう》】
カショーロ（ブラジル）

【オセアニアの闘神《とうしん》】
パプアンバス（パプアニューギニア）

【湿原《しつげん》の秘宝《ひほう》】
バラマンディ（パプアニューギニア）

【淡《たん》水《すい》魚《ぎょ》世《せ》界《かい》最《さい》強《きょう》】
ピライーバ（スリナム）

【湿《しつ》原《げん》の龍《りゅう》】
サラトガ（パプアニューギニア）

【アフリカの暴《ぼう》君《くん》】
ナイルパーチ（ケニア）

怪魚《かいぎょ》ハンターの先にある人生設計《せっけい》

もう一つ、冒険《ぼうけん》には「年齢《ねんれい》」というチャレンジもある。

たとえば富士山《ふじさん》に登《のぼ》るときだって、二十歳《さい》で登《のぼ》る人を「冒険家《ぼうけんか》」とはよばないけれど、百歳《さい》で登《のぼ》る人がいたら十分に「冒険家《ぼうけんか》」と言える。

タクヤはいま三十歳《さい》だけれど、四十歳《さい》になっても五十歳《さい》になっても六十歳《さい》になっても、魚に関《かん》する新しいテーマで冒険《ぼうけん》ができる人になることが、タクヤの夢《ゆめ》なんだ。

そのためにはどうしたらいいのか？　このまま若《わか》さにまかせて冒険《ぼうけん》を続《つづ》けていていいのだろうか？

タクヤは一生冒険《ぼうけん》が続《つづ》けられるように、「人生設計《せっけい》」を考えることにした。

まず、いろいろな冒険家《ぼうけんか》の本を読んでみた。すると、一生冒険家《ぼうけんか》として生きていける人は、冒険《ぼうけん》だけを仕事《しごと》にしているわけではなくて、それ以外《いがい》の仕事《しごと》も持《も》っている人が多いとわかった。

そこでタクヤは、これまでの自分の経験《けいけん》を生かした別《べつ》の仕事《しごと》を考えてみた。

これまで釣《つ》り上げた怪魚《かいぎょ》を展示《てんじ》する「怪魚博物館《かいぎょはくぶつかん》」を作ってもいい。タクヤが館《かん》長《ちょう》になって怪魚《かいぎょ》の剝製《はくせい》を展示《てんじ》したり、釣《つ》ったときの話をすれば、大勢《おおぜい》の人がやってきてくれるだろう。

完全養殖《かんぜんようしょく》がむずかしいウナギの代《か》わりに、おいしく食べられるナマズの養殖《ようしょく》も考えた。地球全体《ちきゅうぜんたい》では食料不足《しょくりょうぶそく》だから、多くの人が喜《よろこ》んでくれるはずだ。

海外の若者《わかもの》が日本に来て釣《つ》りを楽しめるように、ガイドをしてもいい。自分も海外で、いろいろな人にお世話《せわ》になったのだから。

いまもやっているけれど、小中学生を対象《たいしょう》に公開授業《こうかいじゅぎょう》や講演会《こうえんかい》もふやしたい。子どもたちに魚と釣《つ》りの面白《おもしろ》さを知ってもらい、冒険《ぼうけん》の楽しさを感《かん》じてもらいたい。

それらの仕事《しごと》は、すべて大好《す》きな魚でつながっている。好《す》きなことをとことんつきつめていけば、きっと仕事《しごと》になるとタクヤは考えた。

冒険以外《ぼうけんいがい》の仕事《しごと》でも収入《しゅうにゅう》を得《え》られるようになれば、何歳《さい》になっても、身体《からだ》の動《うご》くかぎり冒険《ぼうけん》を続《つづ》けられる。そのためにいまは何をすべきかをタクヤは真剣《しんけん》に考え

二〇一三年六月十六日に行われた地元高岡市《たかおかし》の博労《ばくろう》小学校《しょうがっこう》での公開授業《こうかいじゅぎょう》。ムベンガやディンディの剥製《はくせい》を子どもたちに実際《じっさい》に見てさわってもらい、夢《ゆめ》や冒険《ぼうけん》について語った

2014年11月16日に行われた富山県《とやまけん》の南砺市立福光中部小学校《なんとしりつふくみつちゅうぶしょうがっこう》での教育講演《こうえん》会で、旅先《たびさき》でのエピソード、魚の魅力《みりょく》を熱《あつ》く語るタクヤ。子どもたちに、チャレンジする気持《きも》ち、ねばり強く取《と》り組むことの大切さを伝《つた》えた

北海道《ほっかいどう》宗谷郡《そうやぐん》猿払村《さるふつむら》で釣《つ》り上げた「蝦夷《えぞ》の鬼《おに》」イトウ。
外国の釣《つ》り人を案内《あんない》したいポイントが日本にはたくさんある

沖縄県《おきなわけん》八重山郡《やえやまぐん》与那国町《よなぐにちょう》で釣《つ》り上げた「島《しま》の主《ぬし》」オオウナギ。
身近《みぢか》な田んぼの側溝《そっこう》に、こんな想定外《そうていがい》の巨大魚《きょだいぎょ》がひそんでいる！

ているんだ。

――三十歳《さい》になったいまは、あえて海外に出る回数をへらして、魚が大好《す》きな仲間《なかま》たちと「仕事《しごと》」という冒険《ぼうけん》にチャレンジしたい。スポーツ選手《せんしゅ》には引退《いんたい》があるけれど、釣《つ》り人には引退《いんたい》はないのだから。そうすることが、一生冒険《ぼうけん》を楽しむための秘訣《ひけつ》じゃないのか。

それはちょうど、仲間《なかま》たちと無人島《むじんとう》で一週間サバイバル合宿《がっしゅく》をしたようなものだ。新潟《にいがた》から高岡《たかおか》まで、一日で何キロ歩けるか実験《じっけん》したことにも似《に》ている。

一生冒険家《ぼうけんか》でいるためには、事前《じぜん》に準備《じゅんび》が必要《ひつよう》だということを、タクヤは身《み》をもって知っているんだ。

――一生「魚」にワクワクしていたい。

それがタクヤの夢《ゆめ》なのだから。

地球《ちきゅう》を舞台《ぶたい》にしたタクヤの大きな冒険《ぼうけん》は、これからも、いろいろな形を取《と》って続《つづ》いていく。

エピローグ

ある日のこと。

「あいつはぼくの友達《ともだち》ですから、絶対《ぜったい》に釣《つ》れますよ」

そう言いながらタクヤは釣《つ》りざおを持《も》って、高岡市《たかおかし》の自宅《じたく》の玄関《げんかん》をいきおいよく飛《と》び出していった。

この日は、自宅《じたく》でインタビューを終《お》えたあと、実際《じっさい》に故郷《こきょう》の川で釣《つ》りをするところを撮影《さつえい》させてもらうことになっていた。

自宅《じたく》を出ると住宅地《じゅうたくち》も広がっているが、ところどころに田んぼも残《のこ》っている。田植《たう》えが終《お》わり、水が張《は》られた田んぼには、午後の雲と家々の形がうつりこんでいた。

タクヤの少年時代《じだい》、この田んぼを囲《かこ》む水路《すいろ》にはいろいろな魚が棲《す》んでいて、釣《つ》り放題《ほうだい》だった。釣《つ》り好《ず》きの少年にとっては、ずいぶんめぐまれた環境《かんきょう》だったんだ。

のちにタクヤが世界《せかい》を旅《たび》して怪魚《かいぎょ》を釣《つ》り上げるようになったのは、この環境《かんきょう》に育《そだ》ったことも大きな理由《りゆう》だろう。

川べりの道を進《すす》みながら、タクヤが最初《さいしょ》にねらったのは、「友達《ともだち》」とよぶウグイだった。子どものころからタクヤは、この川で毎日のようにウグイを釣《つ》り上げていた。だから魚の生態《せいたい》は手に取《と》るようにわかっている。道をずんずん進《すす》みながら、次々《つぎつぎ》とルアーを投《な》げては引く。

「釣《つ》れるときは匂《にお》いがするんです。でも今日は川の水量《すいりょう》が多いな〜。魚のテンションが下がっているかな?」

しばらく進《すす》んで、次《つぎ》にねらったのはナマズだった。

赤白の大きなルアーを使《つか》って、水草の近くをねらう。

「ナマズは上流《じょうりゅう》に向《む》かってかくれています。でも、今日《きょう》は少し寒《さむ》いな。水面《すいめん》がポチャッというと、おどろいて出てくるかな?」

そうつぶやきながら、またしても川べりの道をずんずん歩きながら、次々《つぎつぎ》とルアーを投《な》げては引く。

道路《どうろ》下の用水路《ようすいろ》や橋《はし》のたもとの水路《すいろ》にも、のぞきこんではルアーを投《な》げる。

「今日は寒《さむ》いから魚は出てこないかな？」
タクヤはあきらめないで、何時間もルアーを投《な》げ続《つづ》ける

「魚は上から見られるのが一番いやなんですよ。鳥がこわいから。泳《およ》いでいるときも、上ばかり注意《ちゅうい》しています」

「今日は少し水温《すいおん》の変化《へんか》が大きいかもしれない。そういう日は、魚はなかなか出てこないんです」

まるで魚と会話を交わしているようだ。

そのすがたは、故郷高岡《こきょうたかおか》でも、世界《せかい》の秘境《ひきょう》のジャングルでも、まったく変《か》わらない。釣《つ》りざおをにぎっているときの、タクヤの魚に対《たい》する向《む》き合い方は、いつも真剣《しんけん》だ。

世界《せかい》の秘境《ひきょう》で自分の身体《からだ》をこえるような怪魚《かいぎょ》を相手《あいて》にしていると、故郷《こきょう》の小さな魚なんて軽《かる》く見てしまいそうだけれど、タクヤはそんなことはしない。

怪魚《かいぎょ》でも、小さなウグイやナマズでも、魚の気持《きも》ちを想像《そうぞう》することが、タクヤには何よりの喜《よろこ》びなんだ。

——今日もまた、君《きみ》たちに会いにきたよ。気持《きも》ちよく泳《およ》いでいるかい？　水の中に、エサはたくさんいるかい？

タクヤは心の中でそうつぶやきながら、ルアーを投《な》げる。

タクヤにとって、地球《ちきゅう》は大きな遊《あそ》び場で、魚はそこに棲《す》む仲間《なかま》たちなんだ。

――もっともっと、地球《ちきゅう》を遊《あそ》びつくしたい。

冒険家《ぼうけんか》・怪魚《かいぎょ》ハンターのタクヤは、今日もこの地球上《ちきゅうじょう》のどこかで、新しいテーマの冒険《ぼうけん》を続《つづ》けている。

二〇一六年一月

こうやま　のりお

タクヤこと小塚拓矢《こづかたくや》さんと著者《ちょしゃ》

【こうやま のりお】

1960年、埼玉県入間市生まれ。信州大学人文学部心理学科卒業。1996年、『ライオンの夢 コンデ・コマ＝前田光世伝』で第3回小学館ノンフィクション大賞優秀賞受賞。以降、音楽、演劇、武道、スポーツ、ビジネス、地域活動など、さまざまなジャンルの「主人公」たちの熱きすがたを描き続けている。著書に『初代総料理長サリー・ワイル』『ピアノはともだち 奇跡のピアニスト 辻井伸行の秘密』（第58回青少年読書感想文全国コンクール課題図書）『めざせ！ 給食甲子園』（すべて講談社）など多数。

2014年、第45回大宅壮一ノンフィクション賞（雑誌部門）を受賞。

http://the-bazaar.net/

写真協力：高岡市立博労小学校／南砺市立福光中部小学校
株式会社 地球丸／株式会社モンスターキス

感動ノンフィクションシリーズ

怪魚ハンター、世界をゆく
巨大魚に魅せられた冒険家・小塚拓矢

2016年1月30日　第1刷発行

著者＝こうやま のりお
発行者＝水野博文
発行所＝株式会社佼成出版社
〒166-8535 東京都杉並区和田2-7-1　電話（販売）03-5385-2323（編集）03-5385-2324
印刷所＝株式会社精興社
製本所＝株式会社若林製本工場
ブックデザイン＝藤井 渉（エイトグラフ）

http://www.kosei-kodomonohon.com/

落丁本・乱丁本は送料小社負担にてお取り換えいたします。

ISBN978-4-333-02723-1 C8336 NDC916/128P/22cm